栗山英樹の思考

若者たちを世界一に導いた名監督の言葉

栗山英樹
Hideki Kuriyama

ぴあ

栗山英樹の思考

若者たちを世界一に導いた名監督の言葉

目次

「経験自体がないことが
プラスに働くことがある」

1983-2012

ドラフト外入団、現役引退、ファイターズ監督就任へ

ドラフト外で憧れのプロ野球選手に
だが「100年やってもかなわない」

創価高校時代はエース兼主将として活躍したものの、甲子園出場は果たせなかった。高校卒業後は東京学芸大学に進み、硬式野球部の投手、内野手としてプレーした。大学時代の通算勝利数は25勝（8敗）。打率3割8分9厘は東京新大学野球連盟で史上3位の成績だ。

1983年にドラフト外でヤクルトスワローズに入団が決まる。国立大学卒のプロ野球選手として注目を集め、プロ1年目の1984年に一軍デビューを果たしたのだが……。

現役生活はわずか7年。出場試合数は494、通算安打は336本に終わった。

幼稚園の頃は特に目立つ存在で、かけっこでは友達を半周くらい離してしまうくらい足の速い子どもでした。中学生くらいの頃を冷静に振り返ってみると、野球も上手かったですね。高校に入学する時には、いくつかの強豪校から誘っていただいたり、ということもありました。ただ、高校生くらいから、身長はチームメイトに抜かれていきました。今の身長は174センチですが、高校入学後は3～4センチくらいしか伸びませんでした。

北海道日本ハムファイターズで、監督と選手として共に戦った中田翔選手（大阪桐蔭高校から２００７年高校生ドラフト１位でファイターズ入団）は、プロ野球選手に「なろう」ではなくて、「なれると思っていた」と言っていました。多くのプロ野球選手はそういう感覚でアマチュア時代を過ごしたのかもしれませんが、私はそうではありません。

ほかの選手よりもちょっとだけ足が速い、ちょっとだけ速いボールを投げられる選手でした。「プロ野球選手になりたい」とは思っていたけど、現実的には難しかったでしょう。私は子どもの頃、プロ野球選手を見たこともなかったし、どれだけすごいかもわかりませんでした。目指していたのは甲子園で、「絶対に行きたい」と思っていました。だから、高校進学にあたって、「甲子園に行けるところに！」という思いはありました。ところが、両親の大反対にあいました。「文武両道以外は許さない」という方針があり、創価高校に入学することになったのです。

創価は文武両道の高校で、野球部の練習も厳しいものでした。みんなで甲子園を目指しましたが、残念ながら届きませんでした。そこで「大学でも野球を続けよう！」と思い、東京学芸大学に進学することになりました。

甲子園で活躍した選手は、ドラフト会議で指名を受けてプロ野球選手になる。指名から漏れた有望選手は大学や社会人野球に進み、腕を磨き、次のチャンスを待つ。野球エリートが目指すのは歴史のある東京六大学であり、強豪が揃う東都大学リーグ、首都大学リーグだ。しかし、栗山が入学した東京学芸大学が所属する東京新大学野球連盟に、プロが注目するような選手はいなかった。

東京学芸大学を選んだのは、教員免許が取れるということも大きかったですね。「プロ野球に行きたい」という選手がプレーするリーグとは言えませんでした。六大学、東都、首都と比べると、正直、レベルは低かったと思います。

そんな中で、当時の私にプロ野球を目指すという気持ちがどれだけあったのかは、自分でもよくわかりません。授業が休講になれば、空いた90分を使ってトレーニングをしてはいましたが、プロ野球が現実的な目標とは言えなかった。だけど、「このままでは絶対に終わらないぞ」という思いは自分の中にありました。大学時代は「やらされる野球」ではなかったので、自分のために時間を使ってトレーニングに打ち込みました。

当時、チームメイトに「俺はプロ野球を目指す」と言っていたかどうかは覚えていませんが、ほかの選手とは違った動き、練習をしていたことは間違いありません。

大学卒業後のことを考えた時に、「このままでいいんだろうか」という気持ちになり、社会人野球のチームのテストもいくつか受けました。でも、「どうしてもうちに来てほしい」という感じではありませんでした。それでも野球を続ける道を模索しているうちに、プロ野球の入団テストを受けられることになり、ドラフト外ではありましたが、ヤクルトスワローズへの入団が決まりました。

高校進学、大学進学の時、両親は私のことを考えて、幅のある選択ができるような進路を薦めてくれたんだと思います。それによってもちろん得られるものも大きかったけれど、「違う選択をしていれば……」と思ったこともありました。そんな経緯があったので、「自分がやらないことで後悔してはいけない」と強く思い、スワローズの入団テストを受けたのです。

1983年のドラフト会議で、スワローズは1位で高野光（東海大学）、2位で池山隆寛（市立尼崎高校）を指名している。栗山と同学年である法政大学の銚子利夫（横浜大洋ホエールズ1位指名）、小早川毅彦（広島東洋カープ2位指名）、駒澤大学の白井一幸（日本ハムファイターズ1位指名）は上位指名を受けた。

プロから声がかかる選手は数多くいます。私くらいの選手は、日本中にいっぱいいい

る。でも突出した選手は一握りなのです。自分のレベルをわかったうえで入団したつもりだったのですが、ほかの選手とあまりにも違い過ぎました。

「俺みたいな選手が来てはいけないところだ」と痛感しました。何かが違うのではなくて、もう、何もかもがまったく違っていました。そのぐらいの差がありました。

具体的に言えば、「投げる・走る・打つ」のすべてにおいて。プロ野球にいる人たちには「１００年やってもかなわない」と思わされました。自分もプロ野球選手になったものの、そう名乗ることがおこがましい。野球をすること自体が怖くなりました。

テスト生として入団しているので、当時は12月頃からプロの選手たちと一緒にトレーニングをしました。どの選手を見ても、動きが全然違う。スピードもキレもある。「俺がここにいたらまずいよな……」と思ってしまったほどです。自分なりに積み上げてきた自信がすべてなくなり、それまでやれていたことさえ満足にできなくなった。「お願いだから、僕のことを見ないでください」と心の中で思っていました。そんな精神状態で、実力を発揮できるはずがない。

あの時の感覚は、40年以上が経《た》った今も消えることはありません。

自分の実力が足りていないことは、私が一番わかっています。だからこそ「なんとかしなきゃ、なんとかしなきゃ、なんとかしなきゃ」と、いつも焦っていました。

必死で練習をしても、上手くなったという感覚は一切ありませんでした。「なんとかしなきゃ」という気持ちはずっと残っていました。

それまでの二十数年の自分の人生で、勉強においてもスポーツにおいても、あれほどショックを受けた経験はありません。まわりの人にまったく相手にされない。誰も私のことを気にしていないし、見てさえいない。「どうでもいい」ものとして扱われることの怖さを覚えました。

今だからこうして口にすることができますが、本当に怖かった。それまでの人生で味わったことのない種類の恐怖がありました。

特にプロ野球は180センチ、190センチを超える大柄の選手ばかりです。もちろん体格の違いはアマチュア時代にもあったことで、もしかしたら、ほんの少しの違いだったのかもしれないけど、その差が絶望的に思えてしまったのです。

「おまえには無理だ」「場違いなところに来たな」と言われたわけではありません。「勝手にそう思ってしまった自分」が一番問題だったと今になって思います。

私のプロ野球人生は、そういうショックを受けたところから始まりました。

スワローズの二軍監督だった内藤博文さんをはじめ、私のことを温かく見守ってくれた人はたくさんいました。そういう方たちに支えられ、救われることになるのですが、あの時のショックは消えることなく自分の中に残っています。

だから今、プロ野球選手を見て、ひとりひとりに敬意を持つことができる。実際にみんな、私よりも野球が上手いから。入団した時にショックを受けたことが、今の私にとってはプラスになっているのかもしれません。

プロ野球というレベルの高い世界で、私は選手として通用しなかった。そのことが逆に幸運だったのかもしれない。もしもいい成績を残すことができていたら、今とは違っていた可能性があります。

今でも時々、入団当時のことを思い出します。神宮球場の室内練習場に入ったりすると、「ここにはいたくない……」と感じたことを。

選手同士には、わかるんです。その選手を見た瞬間にどれだけの能力を持っているかが。例えば、「二刀流は無謀だ」と言われた大谷翔平選手は、その存在感や能力でみんなをねじ伏せました。「コイツはすごい」と一瞬で全員に思わせることができた。

私の場合はその反対で、誰にも「すごい」と感じさせるものはなかっただろうし、まわりが「栗山はダメだ」と思っていると、自分自身が思い込んでいたわけです。私の弱さだったかもしれないけど、そういう経験は大きな宝物になりました。

アマチュア選手がプロの世界に入ってきた時、私のように引いてしまうのが一番ダメなことだとわかっているので、新人選手には「これまでやってきたことをしてくれ。プロだから特別なことをしようとしないで」と話をしていました。たしかに、プロの選手はすごいけれど、自分を信じてプレーすることが大事なんだと。

プロ１年目の１９８４年は２試合、翌年は29試合の出場に終わった。しかし１９８６年には一軍に定着し、１０７試合に出場（打率３割０分１厘）。１９８８年には90試合出場、規定打席に33打席不足していたが、打率３割３分１厘という好成績を残した。センターのレギュラーポジションをつかみ、１９８９年にはゴールデングラブ賞を受賞している。

指導者は選手の能力について、ある種の見極めをしているかもしれません。圧倒的なスーパースター、スター選手、レギュラー選手、一軍の戦力になる選手、一軍と二軍を行ったり来たりする選手というふうに。私がどこに位置していたかはわかりませんが、評価が高かったとは思えない。

私が一軍に上がった頃、スワローズは若手に切り替わる時期でした。現役時代を振り返ると、自分は運が良かったと思います。

プロに入ってきた選手であれば、少なくとも一軍でチームに貢献できる選手になれるはずだと思います。誰にでもその可能性がある。私が活路を見出《みいだ》したのは、走力と、バントなどの細かいプレー。サブの選手でそういう部分を得意にしていた選手があまりいなかったので、代走や守備固めでなら、自分でも貢献できると考えました。はじめはレギュラーをとろうという気持ちはなくて、「どうすれば貢献できるだろうか」「どうすれば、この組織に長くいることができるだろうか」と考えました。そこで、走塁を磨き、バントの技術を身につけようと。

私がドラフト外入団だったということもあって、首脳陣は「もし戦力になったらラッキー」ぐらいに考えていたでしょう。だから、フォームなどをいじられることがなかった。ドラフト上位の選手とは違って、「ほったらかし」にされたのがよかったのかもしれません。だから、自分で考えて、自分で練習することができました。

一軍で出場試合数が増えていったのは、能力が上がったというよりも、対処できることが広がったからだと自分では思います。プロはスピードが違うんですが、少しずつは慣れる。自分の能力で対処できる方法がわかってくると、できる確率が上がっていきました。「やり方を見つけること」にずっと腐心していたように思えます。

しかし、最後まで、やり続ければ何かが起こると感じていました。スター選手やレギュラーにはなれなくても、やり方次第では一軍で長くプレーする選手にはなれるはずだと。今でもその思いは変わっていません。１９９０年限りで引退することになるのですが、自分としてはもう少しやりたかった。「もっとうまくやれば、できたかもしれない」と思う部分もあります。

かつてパ・リーグを代表する強打者だった門田博光さんに言われた言葉を今でも覚えています。

「おまえ、朝までバットを振ったのか」

本塁打王３回、打点王２回の門田さんの言葉を聞いた時、「自分なりにバットを振り続けたつもりだけどそこまではできなかった……」と思いました。

もし門田さんのように毎朝６時までバットを振り続けていたら、体力がついて、もっとホームランを打てたかもしれない。

門田さんは長距離打者としては小柄（１７０センチ）でした。高校時代にはホームランを打ったことがない。それなのに、プロに入ってからバットを振り続けて、５６７本のホームランを積み上げていった。

「おまえは逃げたんじゃないか」と言われたら返す言葉がありません。「逃げた」と言われればそうかもしれない。自分の特長を活かそうと考えた結果ではありますが、「長打を諦めた」というのは事実ですから。体格的には私とそう変わらない門田さんがやったことが自分にはできなかった。名選手と言われた人は尋常ではない練習をやり続けて、それだけの数字を残してきたのでしょう。

天才と言われる人も、みんな、努力をしています。誰もがスーパースターになれるわけではないけれど、もしかしたらやり方はあるのかもしれません。

レギュラーを脅かす存在として、チームのパーツを埋める脇役として活躍した栗山はプロ２年目から長く病に悩まされていた。めまいと聴覚異常を引き起こすメニエール病だ。突然、めまいが起こり、吐き気や嘔吐を伴うため、プレーに支障をきたすこともしばしばだった。守備位置に立っている時、目の前がグルグル回りはじめ、ボールが二重にも三重にも見えたこともあったという。

そして１９９０年、現役を引退。栗山は、テレビのスポーツ番組などでキャスター・解説者としての仕事を始め、新たな人生を歩むことになる。

29歳でユニフォームを脱ぐことになった当時は、「病気のせいで仕方がなかった」と思っていました。今振り返ると、「病気であっても乗り越えられたんじゃないか」という気持ちもあります。ただ、30年以上前はメニエール病に対する有効な治療法がほとんどなかった。コンディション不良を抱えながらプレーしたことについては「あれでＯＫにしないといけない」とも思っています。

症状が出なければ普通にプレーができるんですけど、いつ何が起こるかわからない。

まわりの選手やコーチは私の状況を知っていたので「早く野球をやめたほうがいい」と言っていました。でも、決断するのは自分だという思いがありました。

ユニフォームを脱ぐ時には後悔しかありませんでした。7年間を振り返って「もっとやれることがあったはず」「もっと野球をやれたんじゃないか」と思いました。

プロ野球経験者はみんなそうかもしれませんが、「今の感覚で昔に戻れたら、いいプレーができるのに」と、どうしても思ってしまいますね。だけど、失敗したことで気づいたこともたくさんあります。

現役を引退すると決めた時、プロ野球で指導者になることは、あまりイメージしていませんでした。私の成績を考えれば、その資格がない、と思っていたからです。当時は「おまえみたいにヘタなやつが野球を教えられるはずがないだろう」という雰囲気があるように、自分では感じていました。

でも、「ユニフォームを脱いだらいろいろなことをやってみたい」とは思っていました。テレビというメディアの力を借りて何かを伝えたい、取材者、キャスターになるというイメージはありました。

自分は病気でプロ野球選手をやめざるを得なかったし、どんなにすごい選手であっても、ある年齢が来れば選手は引退しなければならない。でも、取材者であれば一生、努力し続けることができる。私でも勝負できるんじゃないかと考えました。

そしてキャスターとして仕事を始め、いろいろな人と会いたいと思いました。「その場所」に足を運んでいろいろな経験をしたいと。当時は、テレビ、ラジオ、新聞というメディアが今よりもすごい力を持っていたので、「見たいものを見る」「会いたい人に会う」「知りたいことを知る」を徹底的にやりたいと考えました。

例えば、私が中学生の時に憧れたノーラン・ライアン（テキサス・レンジャーズなど）とかオジー・スミス（セントルイス・カージナルス）が現役でプレーしていたので、彼らに会いに行きました。実際に本人に会ってみないとどんな人かわからない。プレーも自分の目で見ないとすごさがわからない。企画を考えて、その翌週には企画が実現してアメリカで取材している、なんていうこともありました。メディアの力を借りて、素晴らしい体験をすることができました。

１９９０年代、特にテレビのおかげで、私は取材者として歩み始めることができたのです。「やりたいことをやる」ためにものすごく勉強もしたし、どうすれば企画が通るかを一生懸命に考えていました。


――１９９５年、近鉄バファローズのエースだった野茂英雄が海を渡った。ロサンゼルス・――

ドジャースのユニフォームを着た日本人投手の〝トルネード投法〟がアメリカ中の野球ファンを熱狂させる。２００１年にはイチローがシアトル・マリナーズへ移籍を果たし、野手として初めての日本人メジャーリーガーとなった。

取材者として経験を積み、野茂英雄投手がメジャーデビューした頃には、シーズンの半分ぐらいはロサンゼルスにいました。まだ若い頃のサミー・ソーサ（シカゴ・カブスなど）、フランク・トーマス（シカゴ・ホワイトソックスなど）も間近で見ることができました。スーパースターになる選手たちはみんな、体が大きいし、強い。日本で最高の投手であった野茂投手がメジャーに来たことによって、日本とアメリカの差を推《お》し量ることができるようになりました。彼が扉を開けて戦ってくれたおかげで、わかったことがたくさんあります。日本の野球にとっては野茂英雄という投手は本当にレジェンドだし、私たちは彼に感謝しなければいけないと思います。

野茂がアメリカに渡るまで、メジャーリーグには日本のメディアがほとんどいなかったこともあって、日本の取材クルーは非常に珍しがられました。「わざわざ日本から来たの？」と。私は日本でプロ野球のレギュラークラスとの差を痛感していましたから、メジャーリーガーたちの評価をすることはできません。彼らの姿をそのまま伝えることを心がけました。

中学生の時、ポニーリーグのチームに所属していて、横田基地にあるグラウンドで野球をしたことがあります。天然芝のグラウンドで、アンツーカーが赤土で……。芝生の緑がとにかく眩《まぶ》しかったことを覚えています。「これがベースボールか！」と憧れました。それ以来、アメリカの野球、メジャーリーグへの強い思いがありました。

とにかくメジャーリーグが好きで、取材も１００回以上は行きました。そういう憧れをベースにいろいろな取材を重ねていくうちに、自分にとって野球がどれだけ大事なものかということを改めて感じるようにもなったのです。現役を引退した2年目には、テレビの企画でアメリカのトライアウト（入団テスト）も受けました。現地ではかなり珍しがられ、新聞記事にもなり、〝現役復帰か？〟とも騒がれました。

そういう経験をして、10代で野球をやっていた頃の楽しさをアメリカで感じることができました。私にとってはアメリカも、アメリカの野球も特別なものです。

だから、２０２３年のＷＢＣで監督としてあの舞台に立てることに対して、特別な思いがありました。もちろん、侍ジャパンの監督だからそんなことは口に出しませんでしたが、使命感、責任感と一緒にワクワク感も覚えていました。アメリカという国でこんなチャンスをもらえることになるとは、メジャーリーグの取材をしていた頃の私は、想像もしていませんでした。

指導者経験ゼロでプロ野球監督に就任
前年までのコーチ陣と共に戦いに挑む

現役引退後、スポーツキャスターとして活動していた栗山に２０１１年、意外なオファーが届いた。２００４年に本拠地を北海道に移した北海道日本ハムファイターズの監督――。２００６年、２００７年にリーグ連覇、２００９年にも優勝したチームを任されることになったのだ。栗山はファイターズに所属したこともなければ、指導者としての経験もなかった。

監督のオファーを受けた時、冷静に考えて「私のような人間がプロ野球の監督をするのは間違っています」とお断りした経緯があります。ただ、球団の方から監督としての実績うんぬんではなく、「野球を愛して、選手を愛してくれればいい」と言われ、考えが変わりました。「それならできるかもしれない」と思ったからです。

プロ野球選手を引退してからも、仕事を選ぶ時に「野球に関わる人間としてふさわしくないことだけはやめよう」と考えてきました。監督のオファーをお受けする時に、それはこの時のためだったのかもしれないと思いました。現役引退後にやってきたことが、監督へのオファーにつながったのかもしれない。

ただ、外国のある政治家の「政治家とは、自分の人生を捨てて、人のために尽くす仕事である」という言葉が残っているんですが、プロ野球の監督になることは、私にとっては同じような意味でもありました。現役引退後、20年かけて取材者として様々な人間関係をつくってきましたが、それは捨てなければならない。だから、球団の人に「私に死ねと言っているんですか」とも聞きました。

最終的に、自分としては「100かゼロ」という覚悟で、命がけでオファーを受けることにしました。指導者としての経験はないかわりに、取材者として歩んだ20年間がある。「マイナスは確かにあるけれど、それをいかにしてプラスにするか」と考えました。それまで勉強してきたことを活かしてやろうという気持ちでした。

監督になる時、私はウソをつきたくなかった。監督として約束したのは「選手にウソをつかない」ということ。「マイナスをプラスに変える」という発想自体はありましたが、プラスに変える方法を持っていなくて、「これからなんとかして見つけます」という思いでした。でも、自信は全くありません。具体策もなし。そういうところからのスタートでした。

前任の梨田昌孝監督は近鉄バファローズの監督時代にリーグ優勝を経験、２００９年にもファイターズをパ・リーグの頂点に導いた。しかし、２０１０年は4位に沈み、２０１１年も優勝を逃した（2位）。しかも２０１１年に18勝（6敗）を挙げたダルビッシュ有（現：サンディエゴ・パドレス）がポスティングシステムを利用してメジャーへ移籍することが決まっていた。栗山は参謀役を同行させることなく、単身でチームに乗り込むことにした。

私が誰かコーチを連れて行くということはまったく考えませんでした。私の性格や考えを知る人が身近にいてくれれば精神的にも楽だし、助かることもあるでしょう。しかし、それまでチームにいたコーチ陣の中に私が入ることを決断しました。

もし、それまでほかのチームで監督をしていたのなら腹心と呼べる人を連れて行ったかもしれません。私の場合は、取材者としてプロ野球と関わっていたし、指導者としての経験がないから一緒に戦ったコーチはひとりもいなかった。このことはマイナスかもしれないし、プラスになるかもしれない。

プロ野球の歴史を見てみると、監督がスタッフを何人か連れてチームを移るという例はたくさんあります。それがセオリーと言えるかもしれない。ただ、チームが勝つための人選というよりも、監督がやりやすい構成になっているようにも感じました。もちろん「あり」なんですが、リーダーがやりやすい方法を選んだ結果、チームづくりに失敗するケースも多く見てきました。私が監督になる前のファイターズの状況を見た時、チームの成績は良かった（勝率5割2分6厘でリーグ2位）ので、コーチを変える必要はないと考えました。

ある程度できあがっているチームに監督だけが新しく入りました。「勇気がいったでしょう」と言われるとそうですけど、私にはそれしか方法がなかったのも事実です。選手がプレーしやすいように、コーチが指導しやすいようにと考えました。

後でマネージャーに聞いたんですが、私が監督になるとは言わず「次の監督は『コーチは全員残留で！』と言っている」ということがみんなに伝わった時、チームの空気が明らかに変わったそうです。そこが分岐点だったかもしれません。

監督交代の時、スタッフは特に不安になるものです。だけど私は、コーチたちを信頼して任せることにしました。チームが勝ちやすい方法を取っただけなんですけどね。

本当に、はじめは何もわかりませんでした。プロ野球には12球団ありますが、チームによってやり方は違います。チーム内の決め事がどういうものなのかと聞くところから始めました。もちろん、攻撃でも投手起用でも、最終的に決断するのは監督です。それは頭ではわかっていましたが、いざ自分が決断する段になると、「えっ、俺が決めるの？」という感じでした。

チームにはそれぞれの分野の専門家であるコーチがいるので、投手コーチや打撃コーチと「これまではこうしてきましたが、どうしましょうか」という会話になっていきます。「何か問題ある？」と聞いて、「ここが問題です」と言われれば、それについてコーチと話をします。監督になったばかりの時は選手の能力をつかみかねている部分もあったので、わからないことに対しては「わからない」と言って、コーチに任せることもありました。どこを探しても「監督の教科書」はないので、ひとつひとつの問題や課題に真剣に取り組むしかありませんでした。

ヘッドコーチの福良淳一さん（現：オリックス・バファローズＧＭ）には、ものすごく助けてもらいました。福良さんには今でも頭が上がりません。事前に、私がやりやすい形を整えていてくれたことに、しばらく経ってから気がつきました。

私が監督になるにあたって、してはいけないと思ったのは、自分のモノサシで見ることでした。チームにとって最善なのは、選手の成績が良くなることです。目の前で起こっていることが選手にとって、いいことかどうかを考えて、いいものはそのまま残し、悪いところは変えるようにしていました。新しいことをやりたくなるのもわかりますが、私の場合はそうじゃなかった。だから、コーチをそのまま残したのです。

ファイターズの新監督に就任した栗山は、まず選手ひとりひとりと話をすることから始める。チームにはベテランもいれば、主力選手も、二軍でくすぶっている選手も、まだ入団したばかりの10代の若い選手もいる。すぐに一軍の戦力になれるかどうかはわからないような選手も含め、全員と面談を行ったという。

私が一番緊張したのは、2011年11月11日。この日のことは今でも忘れません。監督に就任し、二軍のグラウンドがある千葉県の鎌ケ谷で全選手の前で話をしました。それまで取材者として「インタビューをお願いします」なんて話しかけていた選手たちの前に監督として立った時、それまでに感じたことのない緊張感を持ちました。

全メンバーに向かって少し話をした後、選手たちと個別に話をしました。全員と面談をしたので3時間ぐらいかかって、最後の選手はかなり待たせてしまいましたが、それでも、話ができたのは大きかった。パフォーマンスと言われればそうかもしれない。だけど、全員と面談を行ったのは、「ひとりひとりと向き合うよ」ということを伝えたかったから。はじめに、そういう姿勢を見せたかったのです。

すでにアメリカに行くことが決まっていたダルビッシュ有投手とも面談をしました。ダルに聞いたのは「このチームが勝つために足りないものは何?」でした。彼は真剣に答えてくれました。その時に「いつか俺は、スターティングメンバーに『ダルビッシュ』って書きたいんだ、これは俺の夢なんだ」と言いました。そういういきさつがあったから、WBCで侍ジャパンの監督として再会した時に「監督にあの時そう言われたのを覚えてます」というところから会話が始まりました。彼が10年以上経ってもその言葉を覚えていてくれたことが、本当にうれしかったですね。

話をした選手の中には、チームであまり期待されていない選手がいたかもしれない。でも、私はそんなことは思っていませんでした。まだ一軍で成績を残していなくても、まだ能力が足りなくてもチームに貢献してくれるはずだと考えていました。そう、かつての栗山英樹のような選手がいるだろうと。

期待された選手が活躍するのは当たり前。実力がまだ足りていない人が前向きになった時、チームにものすごいパワーが生まれるかもしれない。そう思いました。プロ野球選手であれば一軍で貢献できるはずだというのが私の考えなので、レギュラーとだけ、実績のある選手とだけ話をするという発想はありませんでした。

プロ野球には目利きのスカウトがいて、アマチュア選手の成長を一年中見ています。それでも、ドラフト1位で指名された選手が必ず活躍するわけではありません。育成契約で入ってきた選手が数年後にエースになった例もあります。「答えはわからない」と私は思います。

プロ野球は数字の世界なので、まだいい成績を残していない選手が言いたいことを口にするのは難しい。私がそうだったから、気持ちはわかる。でも、誰にだって、本音はあります。間違っているんだけど「これは嫌だ」ということも。

そういうことを洗いざらい話してもらいました。「わかった。俺の頭に入れとくね」と言いました。自分が言いたいことを口にすることで落ち着くというのもあるだろうし、発言したことで選手に責任も生まれるはずです。

その時にいた選手の中で、まわりの評価以上に伸びたひとりが、内野手の中島卓也選手（２００8年ドラフト5位で入団）でした。２０１２年に１０５試合に出場、２０１３年にレギュラーポジションをとります。

「打力がないからレギュラーは無理じゃないか」と言う人もいたけれど、私はそう思わなかった。足が速くて、守備も上手かったから、最後には打てるようになるだろうという見立てをしていましたから。

どんな人にも能力があると心の底から思っています。これはプロ野球だけの話ではなくて、どの世界でも言えること。やり方とタイミング次第、やる気に火をつけてさえあげれば、違う人生を歩める人はたくさんいるはずです。

その後、選手全員との個別ミーティングは行いませんでしたが、練習中には積極的に声をかけるようにしていました。難しい話になりそうな場合は、監督室に呼んで話を聞くこともありました。おそらく、選手たちが「言いたいことを言えない」という雰囲気ではなかったと思います。

もちろん、意見を言える空気であれば、いろいろな不平や文句、ネガティブなことも聞こえてきます。いいことばかりではないけど、私はそちらを選びました。

選手が言いたいことを言ったとしても、すべてを聞き入れるわけではありません。「気持ちはわかるけど、全部を受け入れられると思わないでほしい」とはっきり言いました。できることはできる、できないことはできない。ウソをつくのは嫌なので、しっかり話をするようにしました。

時には、「あそこはなんでピッチャーを代えたんですか」と野手に言われることもあります。そんな時にはちゃんと説明をします。「俺はあの時にこう思ったんだ。ただ、結果的に間違ってたかもしれない。それは勘弁してくれ、申し訳ない、俺が悪い」と。もちろん、選手に言えることと言えないことがありますが。

監督のところに来る前に、選手はコーチと話をしています。監督の意図を通訳するのが彼らの仕事ですから。「それで納得できない場合は俺が話すよ」というスタンスでした。それは最後まで変えることはありませんでした。

2012年、ファイターズは栗山新監督のもとでスタートした。絶対的なエースだったダルビッシュはもういない。開幕投手を任されたのはプロ2年目の斎藤佑樹だった。前半戦を2位で折り返したファイターズは埼玉西武ライオンズと首位争いを繰り広げ、10月2日にリーグ優勝を決めた（74勝59敗11分、勝率5割5分6厘）。

私の人生の中で一番苦しかったのはこの1年です。あんなに苦しいと思ったことはなかった。プロ1年目の時、病気をした時よりもつらかった。一年中、ずっと人目にさらされて、評価され続けた1年間でした。

スタメンを決める、サインを出す、ピッチャーを代える、代打を出す……すべての場面で判断を求められ、一つ動くたびに結果を問われる。ベンチにいる全員から「監督、そのサインで大丈夫？」と思われているのが空気でわかる時もありました。相手はもちろんのこと、味方の目とも戦う日々でした。

失敗しても、うまくいっても、その判断を下した根拠を監督は示さなければいけないと私は考えます。選手にもコーチにも、応援してくれるファンにも。苦しいけど、「監督になる時、ひとりでやってきてよかったな」とも思いました。自分の判断に対して、あんなに考え続けた1年間はありません。「なんでそのサインを？」「本当に大丈夫？」という目と戦った1年間は、一瞬たりとも気が抜けませんでした。

勝てばＯＫ、だけど負けたら許さない――毎日、そんな空気を感じていました。

プロ野球では、勝っても負けても試合は続きます。

監督1年目は74勝して59敗、引き分けが11試合もありました。シーズンは長いので、40敗しても50敗しても残りを勝てばいい。だけど、一つの失敗、一つの負けからダメージは受けます。「失敗を次に活かせればいい」と思えるまでには時間がかかりました。「俺のせいで負けさせちゃって……」と思う毎日でした。エラーした選手や打たれた選手に対して「何やってるんだ！」と感じたことはありません。

2月に春季キャンプをやり、シーズンが始まってからも監督という仕事に慣れることはありませんでした。1年間、ずっと慣れないまま。優勝争いをしている時も「どうやったら優勝できるの？」とまわりのスタッフに聞いたものです。選手たちやコーチには優勝した経験があるからです。「9月頃になったら、だんだん方向性が出ますから」と言われて、そういうものなのかと思うぐらいで。それでもライオンズとの優勝争いは厳しいままで、「いつになったら優勝が決まるんだよ？」と、またスタッフに聞いて、「最後までもつれそうですね」と言われたことを覚えています。

私には優勝争いをした経験がなかった。わからないままでずっと戦っていきました。

毎日毎日が必死で……10月2日、ライオンズが負けるのをテレビで観戦している時に

3年ぶりのリーグ優勝が決まりました。

2012年のパ・リーグを制したファイターズはクライマックスシリーズファイナルで福岡ソフトバンクホークスに全勝して日本シリーズ進出を決めた。原辰徳監督率いる読売ジャイアンツと日本一をかけて戦い、2勝4敗で敗れた。

日本シリーズが終わった頃はもうヘトヘトで、疲労困憊でした。「やれることは全部やり切った」という思いはありました。ただ、あの1年にはもう二度と戻りたくない。そんなシーズンでした。

優勝がこんなにもしんどいものだとは思いませんでした。もし負けていたらどうなっていたのか……体を壊していたかもしれない。チームには好不調の波があって、どんなに懸命に戦っても「勝てそうにない」という感じになってしまう時があります。連敗している時、エレベーターに乗り合わせた杉谷拳士選手に「監督、笑ってください」と言われて、「俺、そんなにひどい顔してる？」と聞いたことがあります。負けが込んでしまうと、笑っていてはファンに対して失礼かなと思ってもいました。

監督として初めてのシーズンだから、「誰も期待してないだろう」という気持ちもあり、「結果は気にせず思い切って戦おう」と思いながらも、どうしても結果にとらわれる。何が正しいかがわからない中で、試行錯誤を繰り返しました。

ストレスの多い1年だったことは間違いありません。

でも、プロセスはうまくいかないのが私にとっては大前提。プロに入った時からそうでしたから、そこで踏ん張ることができたのかもしれません。「どうせダメだと思われているんだから、思い切ってやろう」という気持ちと、「監督を任せてくれた人を裏切るわけにはいかないから結果を出してやる！」という思いの両方がありました。ファンの人たちも含め、多くの方々に心配をしてもらった1年でした。

プロ野球も変化していますが、10年くらい前までは、選手として実績のない人が監督になることは少なかった。ましてや私には指導者としての経験が全くありませんでしたから、私のようなタイプが監督になる可能性は限りなく低かった。にもかかわらず、監督1年目に優勝することができた。不可能だと思われていても、覆すことはできる。それを自分自身、感じることができたシーズンだったと思います。

プロ野球の歴史を振り返ると、選手としての実績が乏しい監督も何人かいた。例えば大毎オリオンズ、阪急ブレーブス、近鉄バファローズを率いて8度のリーグ優勝を飾った西本幸雄。そのあとを継いでブレーブスで3連覇を果たした上田利治。しかし、彼らにはコーチとしての経験があった。そこが栗山との違いだ。

自分で言うのは何ですが、私はプロ野球という世界の中で珍しい監督なのでしょう。珍しい、選手としての成功体験がないし、指導者としての経験はそれ自体がなかった。珍しい、というか、まったく例のないケースだと思います。

もちろん、成功体験も経験も、ものすごく大切なものです。だけど、経験があるから縛られることもあるし、マイナス面もある。経験がないからこそ、思い切ってやれるというメリットもあります。私の場合、怖さを感じることなく、最後まで突っ走ることができました。

これまで、自分に勝ち運があると思ったことはありません。アマチュア時代も現役時代も優勝したことがない。でも、選手が頑張ってくれたおかげで2012年に優勝することができました。

2023年のWBCの時もそうでした。私には日本代表に選ばれた経験がなかった。世界と戦って「世界に勝つ」ということの本当の意味もわからない。ところが、選手たちのおかげで世界一の瞬間を味わうことができたのです。

そういう意味では、「経験自体がないことがプラスに働くことがある」と示すことができたのかもしれません。もし十数年の監督経験を持って再びどこかのチームの監督をするならば、当然、やり方は違ってくるはずです。でも、2012年当時、私にはあのやり方以外には考えられなかった。

指導者として未経験のまま監督になった私としては、選手が前向きに戦う環境をつくることを第一に考え、選手やコーチとの関わり、ひとつひとつを丁寧にやるしかありませんでした。もっと厳しく接するという方法もあったのかもしれないけど、自分が選んだアプローチに対して後悔も反省もありません。もし自分が強く出ていたら、うまくいかなかっただろう、ということのほうが多かった。

リーグ優勝した瞬間に考えたのは、「優勝したのに日本シリーズに出られないのはマズい」ということ。日本シリーズにたどりつかないとせっかくの1年間が消えてしまうと思ったので、またプレッシャーはかかりました。

クライマックスシリーズを勝利し、日本シリーズでは原監督に「リーグの優勝チーム同士だから堂々と戦える」と言われましたが、私も同感でした。純粋に日本一を目指して、選手たちを信じて戦うことができました。

日本シリーズで2勝4敗で敗れた後、リーグ優勝をしても、日本シリーズで負けるのと日本一になるのとでは全然違うんだと痛感しました。結果は本当に大事ですね。やっぱり勝ちたかった。あの時の悔しさは今でも自分の中に残っています。

栗山英樹語録

第一章 勝利への原動力

Kuriyama in His Own Words

Kuriyama in His Own Words

001

（ブランクは）マイナス面がある。
プラスにするには
どういう方法論があるのかを
考えないといけない。

1990年限りで現役を引退。その後はテレビを中心にキャスターとして活動していた栗山に2011年、監督のオファーが届いた。コーチとしての経験がないこと、現場から長く離れていたことが不安材料だと考えられていたが、就任1年目にいきなり成果を残した。

Kuriyama in His Own Words

002

僕は引退後、野球の外の世界に出た。
その価値観で判断しないと
外にいた意味がない。
腹心になるコーチは必要かもしれないが
友達は必要なくて
能力のある仲間に
集まってもらいたいだけなので。

その球団で活躍した人気選手か、指導経験を積み重ねたコーチが監督を任されるのが、プロ野球のセオリーだった。梨田昌孝前監督が率いた2011年のファイターズの成績は72勝65敗7分、勝率.526でリーグ2位だった。そこに栗山は単身、乗り込んでいった。

Kuriyama in His Own Words

003

ストレスは
勝つことでしか発散できない。

指導者経験が全くないまま監督になった栗山にとって、就任1年目の2012年シーズンは手探りでの戦いが続いた。優勝争いが激化するにつれて、食は細くなっていったという。栗山にとっての良薬は勝利だけだった。

Kuriyama in His Own Words

004

選手全員が
144試合すべての試合を
勝つんだという
甲子園決勝のように戦った。

プロ2年目の斎藤佑樹を開幕投手に立てた2012年。主将・田中賢介の故障もあったが、チーム全員で優勝を勝ち取った。リーグ優勝が決まった後に栗山は「開幕の時、選手には『家族の幸せのためにやってくれ』とお願いした」「ファンの皆さんも家族」と語っている。

Kuriyama in His Own Words

005

俺で大丈夫かと
ファンは心配してくれた。
不可能なことはないと
思ってくれれば。

前任の梨田監督は近鉄バファローズで優勝経験があった。彼を盛り立ててきたコーチ陣にもまた積み上げてきたキャリアがあった。「どうせダメだと思われているんだから、思い切ってやろう」と考えた栗山はプロ野球の常識を覆して、パ・リーグの王者になった。

Kuriyama in His Own Words

006

ウチらしくやりたい。普段通り戦いたいし普段通り采配する。ウチはそうやって勝ってきたから。

監督就任1年目の2012年。74勝59敗11分、勝率.556でリーグ優勝を飾った。日本シリーズでは、高校時代からの憧れの存在である原辰徳監督率いる読売ジャイアンツと対戦することになった。第1、2戦を落とした後、3、4戦に連勝したものの、2勝4敗で敗れた。

Kuriyama in His Own Words

007

（飯山）裕志は本当に苦労してきた。最後までグラウンドに残ってノックを受けてバットを振ってきた。どれだけ練習してきたかがわかるヒットだった。

2012年10月31日に行われた日本シリーズ第4戦。読売ジャイアンツとの延長12回、0対0の投手戦に決着をつけたのは途中出場していた飯山の二塁打だった。栗山は試合後に「感動しました。最高の勝ち方。今年のファイターズを象徴するような試合」と語った。

Kuriyama in His Own Words

008

人に感動させられると
心が浄化される。
だから、〝涙王子〟を決めよう！

監督就任1年目、選手たちの頑張りに感動して、ベンチで何度も涙を流す場面を目撃された栗山は「実は100試合くらい泣いた」と明かしている。2013年1月、今シーズンで自身をもっとも泣かせた選手に「監督賞」を贈るというプランを記者陣に披露した。

Kuriyama in His Own Words

009

ここまできたら、魂だと思う。

2016年9月19日。ファイターズが3連勝して首位の福岡ソフトバンクホークスにゲーム差なし、勝率3厘差まで詰め寄り、敵地での2連戦を前にこう語った。ホークスとの直接対決で2連勝したファイターズは9月28日に大谷の完封勝利でリーグ優勝を決めた。

Kuriyama in His Own Words

010

チームが変わらなきゃいけない時期だった。成長の過程を見てきた選手たちが優勝に向かってくれるのは幸せだった。

2016年、リリーフの増井浩俊を、シーズン途中に先発へ配置転換。来日2年目のブランドン・レアードが39本塁打と大爆発！　パ・リーグ最多タイ記録となる62犠打を記録した中島卓也、35歳のベテラン・田中賢介らの活躍で大逆転優勝を果たした。

011

日本シリーズは、そんなに簡単にはいかない。
ここまで追い込まれて
緊張してやることに意味がある。
なんか、ゾクゾクする感じ。

2016年、広島東洋カープとの日本シリーズは敵地で2連敗。第1戦、第2戦とも1対5の完敗だった。しかし、「北海道に帰って、ファイターズらしさを見せられれば」と栗山に悲壮感はなかった。監督の言葉通り、本拠地で3連勝。第6戦に大勝して日本一になった。

Kuriyama in His Own Words

012

どっちに転んでもおかしくないゲームばかりで
勝った実感はなく
野球の難しさばかりが心に残った。

2016年、日本シリーズでカープを下した後の言葉。レアードが最高殊勲選手、優秀選手にアンソニー・バース、西川遥輝、中田翔が選ばれた。「僕もそうですし、選手たちも勉強させてもらった」「1試合ごとに選手たちが成長している姿を実感できた」

Kuriyama in His Own Words

013

何かヒントはないかな、って。野球の作戦なんて誰でも考えられる。人間は歴史、過去からしか学ぶことができない。

2度目のリーグ優勝を果たし、日本一も手にした2016年。読書好きの栗山は、車での移動中も『論語』などのCDを聞いていたという。「古典には、時代を超えて残る人間の真理のようなものが書かれている。だから、自分が困っていることの答えを探しにいくんです」

Kuriyama in His Own Words

014

日本一になったからこそ、課題ばかりが見えた。点数をつけるとしたら、20点か30点。（来季は）今年以上に大胆にいく。チームを大きく動かす。

2016年、その年のプロ野球の発展に最も貢献した監督、選手に贈られる「正力松太郎賞」を、ファイターズを10年ぶりの日本一に導いた栗山が受賞。「野球界にとって大切な賞。僕ではなく、球団全体でいただいたと捉えている。本当にありがたい」と語った。

Kuriyama in His Own Words

015

自分がこんな賞をもらえるなんて
想像もしていなかった。
本音で言うと、重すぎる。
本当におこがましい。
できれば辞退したいくらい。良い意味でね。

2016年、大谷翔平の飛躍は目覚ましかった。投手として10勝をマークし、打者として22本塁打、104安打を記録。監督の英断なくして、大記録の達成はなかった。「正力松太郎賞」では、大谷の起用をはじめ、固定観念にとらわれないチームづくりが高く評価された。

Kuriyama in His Own Words

016

日本一になったことは
〃よくやったな〃と言ってくれると思う。
だけど、喜んでもらえたことで
終わりじゃない。
三原さんをもびっくりさせるような
野球をやっていかないといけない。

2017年1月、東京都内にある三原脩氏の墓参りをした時の言葉。5球団で指揮をとり、通算1687勝を挙げた昭和の名将を、栗山は尊敬してやまない。「必死に考え、それでも苦しんだ時には、ポンッと背中を押してください」と静かに手を合わせた。

017

本当に厳しく。
それが本当の愛情なので。
そうすれば、必ずチームは勝つ。

2017年に不振に陥った中田翔を、栗山は次シーズンのキャプテンに指名。中田は2018年、25本塁打106打点と大活躍、見事に復活する。だが、中田の「能力はすごく高い」と考える栗山は、「こんな数字の選手じゃない」と、あえて厳しい言葉をかけた。

Kuriyama in His Own Words

018

縁があって、過去の選手たちも含めて
こういう最高の選手たちに出会えた。
６００勝っていうことは
どうでもいいけど
彼らと野球が一緒にできることを
感謝している。

2020年8月15日、栗山は史上24人目となる監督通算600勝をマークした。ファイターズでは、大沢啓二監督の631勝に次ぐ記録だった。だが本人は「毎日勉強することばっかり。(選手と)一緒に600回喜ばせてもらっているだけの話」と冷静なコメントを残した。

Kuriyama in His Own Words

019

監督は、ベンチでまっすぐに
揺れることなく
どっしりと立っていないと
選手たちの士気に影響する。
これはかなり重要な要素です。

「ファイターズの監督時代から、ベンチでの立ち方には気をつけていた」と語る栗山。「選手たちは監督の一つの動きの意味を敏感に察するものです。監督が『これで勝った!』という表情をすればチームが緩む。勝負が決まるまでは緊張感が大事ですから」

Kuriyama in His Own Words

020

2019年、20年、21年と苦しんだが
この3年間はすごく大きかった。
いかに勝つことが難しく
人を育てるのが難しいか
学んだことを活かしたい。

2012年に監督1年目でリーグ優勝を飾った栗山は、2016年に日本一に輝くが、2019〜2021年は3年連続で5位に終わった。侍ジャパンの監督就任にあたり、「自分がやりたい野球よりも、勝って選手とファンの皆さんに喜んでいただくことが一番」と語った。

021

10年間の監督生活の中で
本当の思いはやはり
勝たないと伝わらないことがあると
経験してきている。
勝ち切ることで、選手たちの素晴らしさや
日本野球のすごさを伝えられるよう
全力を尽くしていきます。

2021年12月、侍ジャパンの監督に就任した時の言葉。栗山の胸にあったのは、ファイターズ監督時代に勝てなかった最後の3年間の悔しさだった。歴史は勝者によってつくられる。勝たなければ、伝えられないことがある。

Kuriyama in His Own Words

022

〝真っ平らにモノを考えていく〟という作業が必要です。

2022年1月、侍ジャパンのメンバーに関して「選考の幅を〝アマチュアも含めて〟」考えていると明かした。さらにメジャーリーグでプレーする日系選手を選ぶ可能性にも触れている。約1年後、侍ジャパンの切り込み隊長、ラーズ・ヌートバーが選ばれることになった。

023

これから日本の野球も
大きく変わっていくと思います。
その中でいかに効率を良くするか。
そうした改革はすべて効率だと思うのです。
何が良くて何が悪いのかも含めて
変わってきているし
時には先回りして学んで
進まなければいけません。

2022年1月、侍ジャパンのメンバー選考について問われて。「それまで普通と言われてきたものが普通でなくなっているし、メジャーリーグでセイバーメトリクスみたいなデータの取り方が大発展したかと思ったら、今度は育成革命に移り変わった」と語った。

Kuriyama in His Own Words

024

野球の面白さ、すごさを
選手たちが見せてくれた。
子どもたちは
かっこいいなと思ってくれたと思う。
「こうなりたい」と思った時に人は頑張れる。

2023年3月23日、第5回WBCで優勝を果たした後のチームでの帰国会見で。3月27日には日本記者クラブでの会見にも臨み、海外の記者からの質問に答え「みんなが手を取り合って、アジアの野球が発展していくよう、僕も頑張っていきます」と力強く語っている。

栗山英樹語録

第二章　夢を信じる

Kuriyama in His Own Words

Kuriyama in His Own Words

025

大谷くんには
本当に申し訳ないけれど
指名をした。
いや、（指名を）させていただきます。

2012年10月25日のドラフト会議を前に、栗山が口にしたのは大谷への謝罪の言葉だった。指名後、「大谷くんからすれば『何すんだ』っていうこともあるだろうし、それに対しては正直に本当に申し訳ない」「野球界を引っ張っていく存在になってほしい」と語った。

Kuriyama in His Own Words

026

翻意させに来たわけではない。話を聞いてもらって感謝している。僕は信じて待つだけ。

〝高校卒でのメジャー挑戦〞を表明していた大谷をドラフトで指名したのは、ファイターズだけだった。しかし、日本のプロ野球ではなくメジャーリーグに挑戦したいという大谷の意志は固かった。大谷の気持ちをときほぐしたのは栗山の誠意だった。

027

夢は正夢。
誰も歩いたことのない
大谷の道を一緒につくろう。

2012年10月25日に行われたドラフト会議の後、球団GM、スカウトが大谷宅を訪れた。11月2日には両親と本人に、経緯と育成方針を説明。栗山がこのメッセージを記したボールを手渡された大谷の気持ちが少しずつ、ファイターズ入団に傾いていった。

Kuriyama in His Own Words

028

一番大切なのは大谷くんの将来。
まわりもそれを大切にしていると思う。
一番いいのは何か。
その道をつくるのは大人の責任。

栗山が直接交渉を行い、大谷は入団に前向きになっていく。それに伴い、批判が大谷へ向かうことを危惧した栗山は「（彼が）日本でプレーするのなら、すべて自分（栗山）が背負う。球団と自分が悪いと。できる限りプレーしやすい環境をつくりたい」と語った。

029

もっと喜べると思ったけど、全然喜べない。こういう選手をみんなが驚く成功に導いていかないといけない。監督を引き受けた時も怖かったけどもっと怖くなってきた。

2012年12月9日、大谷のファイターズ入団が正式発表された。投打の二刀流について「自分の中で漠然とイメージはある。担当コーチと話していく」としながらも、「どうやっていくのか難しい。昔はあるが、ここまで分業化が進んだ中では二刀流はないので」と語った。

Kuriyama in His Own Words

030

一つになる時は自分で決めなさいと
最初から言っているが
二つとも評価されなくては意味がない。
でも、あいつはできることを証明してきた。

プロ4年目の2016年は大谷にとって勝負の年。2月の時点で、2年連続の開幕投手となることが発表された。「将来、アメリカに行くか、行かないかは本人が決めることなのでわからないが、両方で評価されてほしい夢はある」と栗山はエールを送った。

Kuriyama in His Own Words

031

漫画みたいなやつが出てくると
プロ野球にもロマンがある。
一番良いバッターに
たくさん回る、勝つための得策だった。
感動したね。

2016年7月3日。DH制のパ・リーグで先発投手が打席に立つのも異例だが、トップバッターを任されるのは異例中の異例。しかしホークス戦に先発した大谷はマウンドに上がる前の打席に入り、敵地で先頭打者ホームランを放つ。そして被安打5で8勝目を挙げた!

Kuriyama in His Own Words

032

アメリカの、野球が生まれた国の人たちに
二つやることを
認めてもらえる選手になってほしい。
これが夢なんだということは
(本人に)言ってきた。

二刀流でどれだけ成果を残しても〝日本での成績だから〟と見るメジャー関係者はいたはずだ。しかし、2016年シーズンの活躍(投手として10勝、打者として打率.322、22本塁打、67打点)で評価は大きく変わった。栗山の「夢」が実現する準備は整った。

Kuriyama in His Own Words

033

褒めてるんじゃないし
褒める必要がない。
打てるんだから
打つのは当たり前でしょ。

テストを受けドラフト外で入団した栗山は、プロ1年目で絶望するほどの実力差を感じたという。だからこそ、大谷の投手としての能力はもちろん、打者としてのポテンシャルを誰よりも高く評価している。「打つのは当たり前」と監督に言われる選手はめったにいない。

Kuriyama in His Own Words

034

僕が言うのは簡単だけど
それを実際にやるほうは大変。
よくやってくれていると思う。

ファイターズを日本一に導いた大谷にとって、2017年は日本でのラストイヤーと目されていた。だが故障によってWBCの出場を辞退。投手として5試合の登板、打者として65試合の出場にとどまった。しかし、二刀流を5年間続けた彼の能力を疑う者はもういない。

035

まだまだ伸びしろはあるし
世界一の選手になると信じている。
（アメリカの）ファンの度肝を抜くような
夢を与えるような活躍をしてほしい。

2017年11月10日、確実視されていた大谷のメジャー移籍を認めると球団が正式に発表。FA資格のない大谷はポスティング制度を利用する。投打の柱を失うことはチームにとって大損失だが、栗山はそれには触れず〝世界一の選手になれ〟と熱く応援した。

Kuriyama in His Own Words

036

その瞬間になったら自然に出し尽くしちゃう。全力を尽くさない野球は彼にはない。

栗山は大谷を「頭の中で計算して『このくらいやろう』という選手ではない。あまり足首(の状態)が良くなくても一塁へ全速力で走り込む」と語る。「でもそういう姿にみんなは感動」するのだ、と。2017年、大谷のロサンゼルス・エンゼルスへの移籍が決まった。

Kuriyama in His Own Words

037

これからどう数字を伸ばすか
計り知れないのに
今季の活躍ぐらいで
「すごい」と褒められたら
僕は納得できない。

2021年、メジャーリーグでMVPを獲得した大谷に、栗山の愛のある言葉。「大リーグに送り出す時、打者だけなら本塁打王、投手だけならサイ・ヤング賞（最優秀投手賞）を取れると信じて送り出した。でも投打両方やってこの結果ですから、まだまだいけますよ」

Kuriyama in His Own Words

038

活躍すればするほど称賛ばかりになる。僕の場合は一生、嫌われ役です。

強い絆で結ばれている栗山と大谷だが、周囲がイメージする師弟関係とは少し違うようだ。「すごく仲良しに見えるだろうけど、そんな関係じゃない。翔平には、いつまでも文句を言うと伝えています」。栗山は離れたところで、静かに見守っている。

039

もう、翔平とは二度と野球をやりたくない。壊れないか、ただただ怖かった。

大谷を口説き落としてファイターズ入団にこぎつけた後の大変さは、栗山以外にはわからない。「僕が決断を間違えると、野球界の大切な宝を壊してしまうといつも思っていた。でも、大事にしすぎると、みんなが驚くような成長は遂げられない」。この言葉は重い。

Kuriyama in His Own Words

040

自分が思うようなプレーができることが
一番楽しいと思っている選手じゃないと
最後は伸びない。
価値観なのか
野球観なのかわからないが
最後は人ですよね。

大谷の才能を誰よりも信じていたのが栗山だった。「僕は一回も、（投打）二つはできないと思ったことがない」と言う。心を砕いたのは故障に対するケアだった。「壊さないようにしながらも、無理しなければ成長もない。その加減は誰もが初めてで、難しかった」

Kuriyama in His Own Words

041

どこかで誰かが
俺が死ぬ時に
「監督、ありがとう」って
言ってくれたら……。
言ってもらえるように
頑張るしかない。

2020年8月15日、監督として9年目のシーズンに、通算600勝を挙げる。積極的に若手を登用し、チャンスを与えてきた。常に選手に寄り添い、成長を願う栗山に、600勝を自らの手柄だと主張するつもりはない。

Kuriyama in His Own Words

042

子どもたちがどういうチームだったらロマン、夢を持てるのかは考えている。

2021年12月に侍ジャパンの監督に就任した栗山が、メジャーで活躍する大谷のメンバー入りの可能性を問われて。「彼の能力は僕自身が一番感じているし、世界一の選手になると信じてメジャーに送り出した。それだけの能力がある選手だと思っている」と語った。

043

12球団の選手がひとりずつ間違いなく
（侍ジャパンの）チームにはいたので
そういう選手たちが
プロ野球をまた盛り上げて
そういったものを
伝えてくれるのかなと思います。

WBC後の記者会見で、選手たちがこれからも〝野球の面白さ〟を伝えてくれると語った栗山は今、「彼らの活躍を一番楽しめている」と言う。「苦しみながらも大きな舞台で勝負した経験が彼らの人生に役立っているとしたら、これほど素晴らしいことはありません」

Kuriyama in His Own Words

044

最後の最後まで諦めないでくれ。夢はできるか、できないかで考えないで自分がやるか、やらないかです。

WBC優勝後の2023年6月、北海道の拠点である栗山町で記念ステージイベント「栗山監督との約束」に出演した時に語った言葉。「やると決めたなら、必ずいい方向にいく。今できなくてもいい。いつかできればいい。そう思うと、やれることはいっぱいある」

045

『フィールド・オブ・ドリームス』の球場で
台湾の子、日本の子、アメリカの子が
遊んでいて
言葉が通じないのに
二つに分かれて試合をやり出したんです。
こういう環境をつくってあげることによって
人と人が結びついて、子どもたちに
伝えたいことが伝わるんだなって
あの時、感動して
日本のどこかに
自分でもつくろうと思ったんです。

2002年、栗山は私財を投じて、北海道栗山町に『栗の樹ファーム』をつくった。緑あふれる、夢のような少年野球場。ファイターズの監督就任も「このぐらい野球を愛しているなら、任せてもいいっていう発想になったんだと僕は思いますよ」と、テレビ番組で語った。

Kuriyama in His Own Words

046

野茂がメジャーで
勝負してくれたことはすごく大きい。
日本の野球にとって
野茂英雄はレジェンドだと思います。

現役引退後にスポーツキャスターとなった栗山は、取材のため、シーズンの半分ほどロサンゼルスに滞在していた。そこで見たのはメジャーリーグで活躍する日本人投手たちの姿だった。野茂英雄が扉を開いたことで、日本人選手が次々と海を渡ることになったのだ。

Kuriyama in His Own Words

047

野球を最初にやった時の楽しさが
アメリカの（メジャーの）
あの空気にはありました。
それが僕のベースにある。

29歳でユニフォームを脱いだ栗山だが、引退した後に、テレビ番組の企画としてアメリカの球団のトライアウト（入団テスト）を受けることになった。中学時代にポニーリーグのチームでプレーした頃、横田基地のグラウンドで見た風景が甦ったという。

Kuriyama in His Own Words

048

いい？　中学生たち。
僕はみんなに
「夢を持ってくれ」とは言わないです。
ただ、みんなが本当にやりたいことは
必ず出てくる。
その自分の思いだけは
大切にしてほしい。

2023年10月、静岡県松崎町で行われた講演で栗山はこう語った。「人って、体の中にものすごい力強さや、ものすごい能力があって、だからそれを信じてあげてください。不安になる時があるかもしれないけど、みんなは必ずいろんなことができます」

2012-2021

ファイターズ日本一へ！
大谷翔平の伝説が始まる

「大谷翔平を世界に認めさせる」伝説の本当の始まりは２０１６年

北海道日本ハムファイターズのリーグ優勝が決まったのが２０１２年10月2日。クライマックスシリーズファイナルで福岡ソフトバンクホークスを下したのが19日。読売ジャイアンツとの日本シリーズ開幕（10月27日）の2日前にドラフト会議が行われた。

この年の目玉と考えられていたのは菅野智之（東海大学卒→読売ジャイアンツ）、東浜巨（亜細亜大学→福岡ソフトバンクホークス）、春夏連覇を果たした大阪桐蔭高校のエース・藤浪晋太郎（→阪神タイガース）など。

その中でファイターズが指名したのは、１６０キロのストレートを投げる花巻東高校の大谷翔平だった。


ドラフト会議前にメジャーリーグに挑戦することを表明した大谷翔平選手を、ファイターズは強行指名しました。翔平はメジャー以外考えていない、と宣言していましたが、私はファイターズに来てくれると思っていました。日本のプロ野球には行かない、と表明した高校生を無理やり指名したことで、高校の関係者にはものすごく迷惑をかけました。若者の信念のある行動に対しての強行指名ですから、非礼だとも感じていました。

しかし、18歳でメジャーリーグに行くよりも日本のプロ野球で基礎を固めてからメジャー契約でアメリカに行くほうがいいと我々は思っていたので、その思い、考えをぶつけさせてもらいました。ファイターズのためではなく、翔平のためだと考えました。だからこちらも信念を持ってお願いに行くだけでした。大谷翔平なら理解してくれると思っていました。

私が話をする時、翔平はいつも何も言わずに聞いていました。リアクションは全くなし。大事な話をする時はいつもそうなんです。表情を少しも変えることなく耳を傾けてくれて、説明をし終えた時に「ありがとうございました」とだけ言いました。

こちらの話を聞きながら、一生懸命に考えてくれているように見えました。その時はどんな決断を下すのかはわかりませんでしたが、彼を信じて待つだけでした。

入団の記者会見ができたのは、指名から1カ月半近く経った12月9日。その時、私は「もっと喜べると思ったけど、全然喜べない」と言いましたが、それは本音ですね。あれだけの選手を預かるんですから、当然のこと。

もし翔平に故障をさせたら大変なことになる。壊してしまったら責任なんて取れないですから。5年後にメジャーリーグに送り出す時、どれだけほっとしたことか。翔平が抜ければチームの戦力がダウンすることは間違いないけれど、「やっと、あの地獄から解放される」と思いました。それほどのプレッシャーがありました。

世の中が非常に苦しい中で、人々に元気を与えるような存在を、神がこの世に送り出そうとしていたんじゃないかと思います。100年前のベーブ・ルース（ニューヨーク・ヤンキースなど）のように。

大谷翔平という選手を世に送り出すためにいろいろな駒が必要だったわけですが、私もその一つだったんだと。彼を強行指名した後に、ファイターズへの入団をサポートする役割を私がすることになったのです。

翔平に初めて会ったのは彼が高校2年生の時。2011年3月11日に起こった東日本大震災の1カ月ほど後だったと記憶しています。取材者として、被災したキャッチャーの家族について、翔平にインタビューをするためでした。

人の生死に関わることだし、質問するこちらも慎重になったのですが、翔平は取材の意図を汲み取ってくれて、的確に答えてくれました。その前に花巻東の先輩である菊池雄星投手（現：ヒューストン・アストロズ）から、「僕よりすごい選手です」とも聞いていました。野球の能力とは別のところで、翔平には〝考える力〟があるなと感じました。そのことがとても印象に残っていました。

入団に際して、大谷に投手と打者の二刀流を提案したのはファイターズだった。栗山は「誰も歩いたことのない、大谷の道を一緒につくろう」というメッセージを贈り、高校卒でのメジャーリーグ挑戦を表明していた大谷は、最終的にファイターズ入団を決断する。プロ１年目の２０１３年の開幕戦で８番・ライトで先発出場を果たし、２安打１打点を挙げた大谷は、ルーキーイヤーに投手として３勝（防御率４・２３）、打者として打率２割３分８厘、３本塁打、20打点をマークした。

翔平は、自分の体がどうこうよりも、目の前の試合に勝ちたいという選手。こちらが抑えないと、どんどん試合に出てくる。まだ18歳で体もできあがっていないから、絶対に壊してはいけない。こちらでコントロールすることを心がけました。

私たちは、「大谷翔平なら二刀流ができる」と信じていました。はじめは否定的な意見もたくさんありましたが、彼がプレーすることでそういう声が出なくなった。やっぱり、あいつがすごいんです。本当によくやりました。２０２３年のロサンゼルス・ドジャースへ移籍の際には、１０００億円もの大型契約を結ぶほどになりましたからね。

翔平の二刀流を進めることは本人のためでもありましたけど、チームとしても必要でした。エースと四番打者の役割をひとりでやってくれるわけですから、こんなに頼りになる選手はいません。

ただ、二刀流をすることで、ほかのチームメイトに影響があったのは事実です。ローテーションがずれる投手もいたし、翔平に出場機会を奪われる選手も出てきました。「特別扱い」によってチームが揺らぐことも想定しましたが、私はあまり気にしませんでした。なぜなら、「大谷翔平に二刀流をやらせる」という大義があったから。

翔平が二刀流で活躍することは日本の野球のためである。本人のためでもあるし、ファイターズが勝つためでもありました。

チームに波風が立ったこともあったけど、大義の前では何ともない。何より、彼が自分のプレーでみんなを黙らせたというのが大きかったですね。誰に何を言われても「やる！」という強い気持ちを感じました。

２０１４年、プロ２年目の大谷は投手として11勝（防御率２・６１）、打者として打率２割７分４厘、10本塁打をマークした。２０１５年には15勝（防御率２・２４）、打率２割０分２厘、５本塁打を記録している。

ファイターズにとっても大谷にとっても大きな節目となったのが２０１６年シーズンだっ

た。首位のホークスに11・5ゲーム差をつけられながらも6月からの15連勝で差を詰め、7度目のリーグ優勝を飾った。

２０１３年、ファイターズは最下位に終わりました。２０１４年は結果的に3位でしたが、あと少しで優勝に手が届くところまで行きました。２０１５年は2位でシーズンを終えて（勝率5割6分0厘）、クライマックスシリーズで千葉ロッテマリーンズに敗れました。この年、翔平は投手としても打者としても成績を残していましたが、常に故障のリスク、コンディショニングを考えながらの起用を続けていきました。

この頃の記事を今見ると、私はよく泣いていたようですね。昔は「男は人前で泣くな」とよく言われましたけど、感動の涙は推進力なので、泣くこと自体が悪いわけではない。涙するほどの思いがなければ、本当の意味で喜ぶことはできないでしょう。ただ、悔し涙はなしです。悔しい時はじっと我慢して、「絶対に取り返してやる」と思わないと。

感動して流す涙によって心の中が洗われるんだと私は思います。すっきりするというか、心の中が耕されるというか。監督1年目に優勝した時には、心から感動しました。選手たちが苦労しているのを間近で見ていましたから。いい結果を残して選手が喜ぶ様子を見て、自然と涙が出たものです。

いずれ、翔平をアメリカに送り出す（ポスティングシステムを使っての移籍）ことは決まっていました。本人もチームに関わる人間もみんな、わかっていました。翔平には「優勝してからメジャーに行け」と言っていたのですが、実際にチームを優勝させたのだから、本当に素晴らしいですね。

２０１６年の翔平は、投手として10勝４敗、防御率１・８６、打者として打率３割２分２厘、22本塁打、67打点をマークしました。「プロ５年目にはこのくらいの数字を残せるかも」と思っていた成績を１年早く残しました。自分で打って、投げて、チームを勝たせたのだから、もう言うことはありません。

２０１６年はホークスが本当に強かった。しかし、11・５ゲーム差をつけられたところから翔平の活躍によって巻き返すことができました。翔平の体はできあがりつつありましたが、この頃にはまだ壊れる（故障する）不安がありました。

６月から15連勝をしたことも含めて、素晴らしいシーズンだったと思います。７月３日には先頭打者としてホームランを打ち、投手としても８勝目を挙げましたが、翔平はまわりが驚くような活躍をさらっとできる。〝大谷翔平劇場〟と言えるほどです。

日本プロ野球最高の１６５キロをマークしたり、投手で先頭打者本塁打を打ったり、いろいろなことが起こりました。

毎日のように、ドラマが起こっていました。ベンチにいる私たちも「マジか？」と思えることが続きました。

最後にホークスに3連勝しなければ追いつけない、という試合で、翔平は「ホームラン打ってきます」と言って打席に立ち、本当に打って勝つわけです。「大谷翔平が、本気になると何かが起こる」ということを証明し始めた試合だったと思います。

『ドカベン』や『野球狂の詩《うた》』などを描かれた漫画家の水島新司先生にお会いした時、「僕は水島漫画に憧れて、こういう選手をつくりたいと思っていました」とお話しましたが、大谷翔平という、まさに漫画に出てくるような選手が出現したことを、水島先生も喜んでくださいました。

ホークスに追いつこうと毎日戦いながら、試合後にホークスとほかのチームとの結果を見て、大声で盛り上がったり、残念がったり。チームが一体となって戦うことができて、ものすごく楽しいシーズンでした。状況があまりわからないまま進んだ監督1年目と違って、地に足をつけながら優勝を目指して戦うことができました。

シーズンを1位で終え、クライマックスシリーズファイナルでホークスを下しました。第5戦の最終回のマウンドに上がったのが翔平でした。

あの強いホークスに勝つために最終戦で投げさせようと翔平を残しておいたのですが、試合の終盤、ふと翔平を見ると、「俺、行きますよ」と言っているように見えました。監督として、行ってほしい気持ちがあるからかそう見えたのかもしれませんが、コーチに本人の意思を確認してもらったら、翔平の答えはやはり「もちろん、行きます」と。それでさっそく、ブルペンで投球練習を始めさせたんです。

彼の野球勘というのか、場を読む力は本当にすごいんですよ。最後に１６５キロのストレートで相手をねじ伏せ、ファイターズは日本シリーズ進出を決めました。

最高の舞台で対戦したのはセ・リーグ王者の広島東洋カープ。あの年のカープは本当に強かった。特にメジャーリーグで活躍した黒田博樹投手が古巣に戻ってきたことで、チームに一体感があったように思います。

日本シリーズ初戦に登板した大谷は11三振を奪ったものの、6回までに3失点。3打数2安打を放ちながらも1対5で敗れた。第2戦も1対5で敗戦（大谷は代打出場で三振）。しかし、ファイターズの本拠地・札幌ドームに戻ってから反撃が始まる。延長までもつれた第3戦、10回裏に大谷がサヨナラヒットを放ち1勝目を挙げた。第4戦、第5戦ともにファイターズが逆転勝ち。敵地に乗り込んだ第6戦を10対4で制し、日本一に登りつめた。

敵地で2連敗しましたが、本拠地に戻って3連勝。もし第7戦までもつれれば、黒田投手と翔平との対決になるはずでした。

「最後は野球の神様が決める」と思った時に、私の気持ちがものすごく落ち着いたことを覚えています。2連敗から3連勝したことで、野球界の先輩方に対してや、ファンに対する責任も果たせたのかもしれないと思えたからです。ファイターズが第6戦に勝利したことで、黒田対大谷は実現しませんでしたが、私にとっては最高のシーズンでした。

当時、この逆転劇を『北の国から２０１６〜伝説　誰も諦めなかった〜』というフレーズで表しましたが、これはテレビドラマ『北の国から』の脚本家である倉本聰さんに「使わせてもらっていいですか」と連絡し、ご快諾いただいたものです。

〝伝説〟という言葉には、私の「大谷翔平を世界に認めさせる」という思いもありました。あの年は伝説をつくりたかったのです。翔平のポテンシャルは誰もが認めていたと思いますが、「本当に勝てるピッチャー」なんだということを証明したかった。１６５キロを投げるだけじゃない。チームのために勝利を積み重ねることができる選手なんだと。

大谷は２０１３年から２０１７年までの５年間で、プロ野球関係者やファンを驚かせる記録と数字を残した。投手として42勝15敗、防御率２・５２。打者として打率２割８分６厘、48本塁打、１６６打点。その他、プロ野球史上初の10勝&10本塁打（２０１４年）、投手で先頭打者ホームラン（２０１６年）、「四番・投手」での完封勝利（２０１７年10月）などもあった。

翔平にとっては２０１６年が、伝説の本当のスタートになりました。自分で投げて、打って、チームを勝たせる。そういうシーズンでしたね。

伝説になるような活躍をしないと、翔平のことがアメリカまで届かないと私は考えていました。あの年の活躍によって、メジャーリーグの評価も変わったんじゃないでしょうか。はじめから投打の二刀流をすることを可能にしたのが２０１６年の活躍だったと思います。翔平は２０１７年シーズンが終わった後、メジャーリーグに移籍することになりました。

何をしてもすべてが悪い方向へ進んでしまう 苦しみ抜いた、だが大きな意味のあった3年間

２０１６年、10年ぶりの日本一に輝いたファイターズは２０１７年から低迷期に入ることになる。２０１８年に3位になった以外、5位が4回。監督就任以降、2度の優勝を飾ったはじめの5年間（2位と3位が1回ずつ）とは全く違う戦いになってしまった。当然、テレビや新聞で栗山のコメントが発信されることは少なくなった。

私が言葉を勉強するにあたって一番大きな存在であるのは、経営者の井原隆一さんです。井原さんは、結果を出して初めて発言権を持てる、という考えだったそうです。

私が監督を務めた後半の5年間、メディアにあまりコメントが残っていないのは、チームの成績が悪かったから。野球においても、成果を残していない人間が何かを語っても意味がない、と思っていたからです。

翔平がアメリカに行ったとか故障者がたくさん出たとか、その結果、戦力が十分に整わなかったということが背景にはありますが、私には、結果の伴わない人間が偉そ

うに語るべきじゃないという思いがあって、言葉が少なくなったんだと思います。

もちろん、自分の中で言いたいことはたくさんありました。いずれいい結果を出して、話をしたいと考えていました。

「歴史は勝者によってつくられる」とよく言われますが、自分の過去を振り返ってみても、この言葉につながってくるなとつくづく思います。結果を出さない人間に発言権は与えられないし、誰にも聞いてもらえない。次につなげるために勝たなければいけないと強く思った5年間でした。

２０１６年に日本一になって、２０１７年のシーズンオフには翔平をアメリカに行かせることが決まっていました。万全の状態でメジャーに送り出せば我々の勝ちだと思っていたのに、足の肉離れによって3カ月も試合ができなかった。「5年計画」の5年目のシーズンのスタートで故障をさせてしまったことはいまだにトラウマです。苦しかったけど、やること、考えることがたくさんあった、そんな1年でした。

２００4年にファイターズが北海道に本拠地を移してから、2年連続でBクラス（4位〜6位）になったことはありませんでした。そういうこともあって、２０１７年に5位になったあと、２０１８年はなんとか3位になりました。

でも、それからの3年間が苦しかった。２０１9年から２０２１年までは、何をやってもチームが動かず、選手に結果を出させてあげることができなかった。

ファイターズは２０１８年、74勝66敗3分（勝率5割2分9厘）で3位。２０１９年は65勝73敗5分（勝率4割7分1厘）、２０２０年は53勝62敗5分（勝率4割6分1厘）、２０２１年は55勝68敗20分（勝率4割4分7厘）で3年連続の5位に終わった。

どんなに努力をしても、どんなに頑張っても結果が出ない時があると、身に染みてわかった3年間でした。でも、生きるってそういうことじゃないですか。苦しみながら、もがいたことが結果につながったこともあって、それが自分のベースにもなっています。

うまくいかないことだらけの3年間でしたが、それがなければ今の私はありません。あの3年間が監督としての私を平らにしてくれたし、監督の役割について冷静に考えさせてくれました。苦しさは私にとって必要だったもので、大きな意味があったと思います。

チームが勝てない時、うまく回っていない時には、チームが揺れたり、軋轢《あつれき》が生まれたりすることもありました。

選手にはものすごく強い時と驚くほど弱い時とがあります。すごくいい人の時と、そうじゃない時がある。結果が出ない時には人間関係がギスギスするし、物事を悪いほう、悪いほうに考えてしまうもの。だから、いい人間でいられなくなってしまう。

そんな時期に、球団の人からこう言われたことがあります。

「チーム状況が良くなれば選手がいい人になるのなら、チームを勝たせてみんなをいい人にしてやってほしい」

私は「えっ」と思いましたが、そういう考え方もあるんだなと思いました。「ここで迷っていないで、勝つためにやりましょう」ということだったのかもしれない。勝ってさえいれば少々の問題はすぐに消えてなくなってしまうものですから。野球を通して教育することも大事ですが、勝つことで解決することがあるのなら、そうしてほしいということでした。この言葉は自分の中で大きかった。

チームが勝てば、監督とコーチの関係も、コーチと選手の関係も、選手同士の関係もうまく回っていく。負ければちょっとしたことでギスギスしてしまう。自分の調子が悪かったり、うまくいかなかったりする時、素直にアドバイスを聞くのは難しい。いい時には素直になれるじゃないですか。自分の言葉を届けたいのなら、聞ける状態までもっていってあげようという話なんです。

この間、選手からいろいろなことを言われ、すべて受け止めました。ただ、聞いたからといってうまくいくとは限らない。すぐに解決するのは難しくても、なんとか前に進めようともがいた3年間でした。

しかし、結局、いい結果は出ず、ユニフォームを脱ぐことになりました。

振り返ると、監督をやっていた10年間はあっという間に過ぎました。苦しいことはたくさんあったけれど、人間不信に陥ることはありませんでした。

プロ野球は、そのシーズンに何敗しても、翌年は0勝0敗からスタートできます。もし自分がいくら借金を背負っても、次の監督はゼロから戦うことができる。「もうやめた」というのは一番簡単だけど、そういう発想は一切ありませんでした。

最後のほうで思っていたのは、もう少し時間がほしいということ。監督は、やめてしまえば終わることができますけど、チームはずっと続いていく。なんとかチームを立て直したかった。そのためにもう少し頑張らせてほしいと思っていました。最後まで気持ちが切れることはなくて、「何とかしたい」「何とかしなきゃ」と。

長くファイターズのクリーンアップを任された中田翔の暴力問題が明らかになったのは２０２１年８月のことだ。チームメイトをベンチ裏で殴打したことで出場停止処分を受け、ジャイアンツにトレードされることになった。移籍にあたって栗山は、「現場の責任者である俺にも、すごく責任がある」と話した。

中田翔選手は高校卒業後ドラフト1位で入団、4年目にレギュラーになりました。能力はすごく高いけど、どちらかと言えばコツコツやるのが苦手なタイプだったので、彼を本気にさせるために、いろいろなことをしました。

手はかかるけど、いい意味で、見ていて面白い男じゃないですか、昔のプロ野球選手っぽくて。ああいう選手が活躍することでファンに喜んでもらうのもプロとして大切なこと。しかも翔自身はものすごく純粋な人間なんです。だから言い過ぎることもありました。

暴力事件に関して本人は、かわいがっている後輩を小突いたというぐらいの意識だったかもしれない。でも、とてもそれでは済まない問題でした。

厳しい意見も、いろいろなお叱りも受けました。ただ、中田翔を中田翔らしくさせるために、野球をする中でできることがあると思っていたので、トレードという形になりました。北海道で謝罪する機会をつくることはできませんでしたが、メディアの前で謝ってリスタートを切りました。

彼の人生の中では大きな失敗です。だけど、反省をしながらも前に進むという作業をしてほしかった。だから、受け入れてくれたジャイアンツでもっと活躍してほしかったというのが本音です。

正直、中田翔のことは今でもものすごく気になります。彼の実力、技術を考えれば、もっといい成績を残してもおかしくない。本当に能力の高い選手なので、まだまだ活躍できると思います。打撃の技術も非常に高くて、守備も上手いし、体も頑丈で、強い。今シーズン（２０２４年）移籍した中日ドラゴンズでもうひと花咲かせてほしい。これまで関わってもらった人たちに野球で恩返しできるように。もちろん、本人の頑張りもありますが、支えてくれる人たちのおかげでこうしてプレーできることに感謝して、その感謝を表すためにも、圧倒的な数字を残してほしいのです。

２０１０年ドラフト会議でファイターズが1位指名したのは早稲田大学の斎藤佑樹。早稲田実業の清宮幸太郎は２０１７年、金足農業高校の吉田輝星は２０１８年のドライチだった。だが、チームの看板選手になることが期待されたルーキーたちは、苦しい道を歩むことになる。斎藤は２０２１年までプレーしたが、プロ11年間で15勝しか挙げられなかった。清宮はプロ入り4年目の1年間を二軍でプレーすることになる。吉田は5年間で3勝のみ、２０２３年シーズンオフにオリックス・バファローズにトレードが決まった。

それが正しいことかどうかはわからないけれど、斎藤佑樹投手には、「もし俺が祐樹の親父だったらそうするだろう」というぐらい厳しく接しました。２０１８年４月、先発投手としてマウンドに上がって４回までノーヒットに抑えた試合がありました。

でも8個くらいフォアボールを与えていたので、ピンチの場面で交代を告げました。その試合後、珍しく佑樹が「監督、話があります」と言って、監督室に入ってきました。佑樹からすれば、1本もヒットを打たれていないのに交代させられたことが納得いかなかったのでしょう。こちらからは、ストライクゾーンで勝負できないからフォアボールを出しているように見えた。打たれるよりもよっぽど悪い。そのことは本人が一番よくわかっているはずなのに、文句を言いたそうな顔で入ってきました。

そんな彼を見ても、私に怒りはありません。本当に困っているんだな、追い込まれて苦しいんだなと感じました。「怒」の感情を向けている状態で話をしてもムダだと思い、「明日からファームに行ってこい」とだけ告げました。「そのうち、時間を取って話をするから」と。

自分が期待されていることも、その期待に応えられていないことも、本人が一番わかっていました。コンディションも万全とは言えず、思うように投げられない歯がゆさも感じていたはずです。そんな佑樹を見て、私は「泥だらけになって戦う姿を見せろ」と言った。引退するまで、彼にはそう言い続けました。「おまえにはその責任がある」と。今になれば、酷だったかなとも思います。

彼は甲子園のスターだし、みんなが活躍を楽しみにしていた。そういう人が、なかなか結果が出ない中で、泥だらけになって頑張る姿を見せることに大きな意味がある。プロ野球選手として見せなければならないものがある。ここで踏ん張ることは、佑樹の人生にとって絶対にプラスになるという思いがありました。「やめるのは簡単なんだ。最後までそういう姿を見せろ」と言い続けました。

本人はきっと、しんどかったでしょう。見えないところで、厳しいことをたくさん言いました。それが優しさだと思っていたので。

私は取材者として、高校時代から佑樹を見てきました。大学時代もそうです。そういうこともあって、彼をなんとかしてやりたいという気持ちは最後の最後まで持っていました。コンディションが悪い中で、よく頑張ったと思います。昔からのファンは「カッコよくいてほしい」と思ったかもしれないけど、泥だらけになって必死でプレーする姿のほうがカッコいいと私は思う。

たいした苦労もなく野球人生を終える人もいるけど、苦しかった11年間に意味があるはず。現役生活を終えていろいろなことにチャレンジしていますが、彼のことは心配していません。

２０１７年のドラフト1位で入団した清宮幸太郎選手は、「ずっと待っている」感じがしていました。プロ1年目から一軍でプレーして7本の本塁打を打ったわけですから、やはり四番を打っていないといけない。彼も中田同様、プロ野球ファンが見たがる選手になってほしい。それが我々の使命でもあると思っていました。

プロ１年目の２０１８年から一軍で起用しました。二軍では簡単に打ってしまうので、一軍で苦しみながら進んだほうがいいという判断でしたが、そのやり方がよかったのかどうか、今でもわかりません。

３年連続で７本塁打。４年目は１年間、ずっと二軍にいました。故障の影響もあって、飛び抜けた成績を残すことができていなかった。新庄剛志監督のアプローチで覚醒の兆しはあるものの、まだみんなを「待たせている」状況が続いていました。
だが今シーズン（２０２４年）は８月に入り、３年連続の２ケタホームランを記録しています。きっと、これからもっと成長してくれるはずです。

今でも幸太郎にはいろいろなことを言っています。彼はあれだけの能力を持っているのでやってくれると信じています。

吉田輝星投手がブレイクできなかったことについても、私に責任があると感じています。オリックス・バファローズの中嶋聡監督は輝星と同じ秋田県出身で、彼には特別な思いを持ってくれていましたので、トレードは選択肢の一つとして考えていました。最終的にファイターズはその判断をしたわけですが、私たちが彼を成長させてあげられなかったことに対する申し訳なさはあります。

ダルビッシュや翔平がメジャーに巣立っていったことで、ファイターズの選手育成法について語られる機会が多いのですが、我々のやり方や言葉のかけ方などがすべてうまくいったわけではありません。こちらのアプローチが完全に機能しなかったということもあります。

他球団から移籍したことで活躍してくれた選手もいます。大田泰示選手（現：横浜ＤｅＮＡベイスターズ）は代表的な例でしょう。ジャイアンツではなかなか活躍できませんでしたが、２０１７年にファイターズに来てレギュラーポジションをつかみました。

才能のある選手ですから、もともとあるものを自然に引っ張り出せるようにと心がけました。彼には、「おまえという素材を信じているから、自分らしくやってくれ」とだけ言いました。もし失敗してもその責任はこちらで取るからと。思い切って野球ができる環境を整えてあげました。

杉谷拳士選手は２００８年のドラフト６位で入団した選手です。体は１７３センチと大きくはないですが、内野も外野も守れるスイッチヒッター。細かいプレーもできて走塁の技術もあるユーティリティープレーヤーでした。バッティングも良かったのでもっと打てたはずなんですが、なかなかレギュラーになれず、２０２２年限りで現役を引退しました。

プロ野球は数字がモノをいう世界ではありますが、数字に表れないところも大事です。長いシーズンを戦っていると、チームに勢いをつける、プラスアルファを出せる選手がいてくれると本当に助かる。拳士の良さは明るいところ。苦しい時でもいつも笑顔で、大きな声を出せるのは彼の長所で、その存在が何度も私を助けてくれました。あの明るい笑顔を見ているだけでこちらも元気になります。

拳士に言っていたのも大田と同じです。失敗してもいい、中途半端な失敗だけはダメだと声をかけていました。「思いっ切りやれよ」と。拳士の場合、元気過ぎて「うるさい！」と言われることもあります。でも、拳士が拳士らしくあることが大事で、自分を変える必要はない。「自分がいいと思っていることはずっと続けてくれ」と言い続けました。

監督を10年間務めて、心残りはあります。私は10年間で２００人近い選手と一緒に野球をしたのですが、もっと多くの選手を一軍で使ってあげられればよかったなと思います。一度も一軍に上がることなくユニフォームを脱いだ選手がたくさんいるので、「勝負させてあげられなくて申し訳ない」という気持ちです。「もっとしてあげられることがあったんじゃないか」とも思います。

中島卓也のように、ドラフト下位の指名で入団してもチャンスをつかんで一軍で活躍する選手もいますが、そういう過程を踏ませてあげられなかった選手もいます。

外国人選手についてもそうです。ブランドン・レアード選手のように日本で花開いた選手もいれば、チーム事情のせいで十分な出場機会を与えられなかった選手もいる。例えばエドウィン・エスコバー投手がそう。

２０１７年にファイターズに在籍していたのですが、シーズン途中で横浜ＤｅＮＡベイスターズに放出してしまった。彼を中継ぎで起用することも考えたけれど、あの時のチーム状態ではそれができなかった。コントロールに不安があったから、大事なところを任せることは難しいと判断しました。でも、ベイスターズに移籍してセットアッパーとして働き場所を得ました（8年間で22勝、１４７ホールド）。

エスコバー投手のその後の活躍は、我々にとって大きな学びになりました。もちろん、彼自身が気づき、変わった部分もあるのでしょうけれど、私の中では反省があります。自分の失敗として、しっかりとしまってあります。

人間は変わることができる。そう思って、選手を見たほうがいい。どんな人でも変わることができると私は考えています。

栗山英樹語録

第三章　諦めない、やり尽くす

Kuriyama in His Own Words

Kuriyama in His Own Words

049

涙するほどの思いがなければ本当の意味で喜ぶことはできない。

昭和30年代生まれの栗山はよく、「男は人前で泣くな」と言われたという。だが「感動して流す涙は推進力なので、泣くこと自体が悪いわけではない。ただ、悔し涙はなしです。悔しい時はじっと我慢をして、『絶対に取り返してやる』と思わないと」と語る。

Kuriyama in His Own Words

050

**現場での指導を経験するというのは理想。
自分が勉強してきたことを求めてくれて
活かしてくれる人がいたらうれしいし
それに120%応えたい気持ちはある。**

2011年10月、当時テレビ番組でスポーツキャスターとして活躍していた栗山に、ファイターズが監督就任を打診、と報道された。プロ野球での指導者経験のない栗山は「求めてくれて活かしてくれる人がいたらうれしい」と、前向きな気持ちを語っている。

051

いつも同じことをしないと「あれ？　監督、何か違うな。何かあるのかな」と不安にさせる。選手はそういうのを見てるから。

チームの調子がいい時も、なかなか波に乗れない時も、試合前の報道陣対応は、必ず同じ時間に受けていた。ベンチでの立ち方も、どんな時でも同じに見えるように意識していたという。そう戦うことで2012年、監督就任1年目にリーグ優勝を勝ち取った。

Kuriyama in His Own Words

052

できることはやり尽くした。体の中に何も残っていない。

指導者の経験がない栗山にとって、2012年のシーズンは長かった。「わからないことは『わからない』と言って、コーチに任せることもありました。どこを探しても『監督の教科書』はないので、ひとつひとつの問題や課題に真剣に取り組むしかありませんでした」

Kuriyama in His Own Words

053

引っ張りすぎて
点を取られるというのは
シーズン中はいいけど
日本シリーズでは許されない。

2012年10月31日、日本シリーズ第4戦。先発の中村勝から4投手をリレーし、ジャイアンツ打線を0封。延長12回にサヨナラ勝ちを呼び込んだ。「攻め続けるしかない。1点を取られる前に手を打てるかどうかだから」

Kuriyama in His Own Words

054

こんなに悔しい思いは何十年ぶり。
こんなに申し訳ないと思うのも久しぶり。
ウチの選手は勝てる選手たちだったから。
申し訳ない。

2012年、監督として初めて臨んだジャイアンツとの日本シリーズ。敵地で2連敗した後、本拠地で2連勝したものの、2勝4敗で敗れた。「悔しさで来年のことを考えている。この悔しさは、ものすごいエネルギーになる」と新人監督は語った。

Kuriyama in His Own Words

055

一方的に愛し続ける、言い続ける。
自分が信じた道をまっすぐぶつけた。
人間の社会って、やっぱり人って
ずっと変わらなくて
本当に必死になっている人の思いは
何となく伝わるんですよ。

2012年シーズンを振り返るインタビューで、指導者経験がないまま監督として選手を率いたことについて語った。「僕は『片思い』という言葉を使うけど、選手がどう思うかということを考えると、ややこしくなっちゃう」。だから、栗山は選手たちをひたすら「愛し続ける」。

Kuriyama in His Own Words

056

（大谷には）エースで四番の思いはある。大谷翔平が2人、入った。（育成は）われわれの使命。

ドラフト会議前に〝メジャー挑戦〟を表明していた大谷翔平がファイターズへの入団を決め、2012年12月25日に入団会見を行った。あいさつをする18歳の大谷の横に立った栗山は「プレッシャーはあるが、楽しみ」と話した。

057

メークミラクルアゲインと言う人もいたが自分ではきっちりと題名を決めていた。「北の国から2016～伝説　誰も諦めなかった～」。

2016年9月28日。大逆転でリーグ優勝を飾った栗山は、優勝を名付けてこう語っている。「選手たちはすべての面で進化してくれた。本当に頼もしかったし、進化の速さを実感できた」。二刀流の大谷だけでなく、チーム全員で勝ち取ったリーグ優勝だった。

Kuriyama in His Own Words

058

今シーズン、確認したことが一つある。ファイターズの選手たちは北海道の誇りです。

2016年9月28日、4年ぶりのリーグ優勝を果たし、ファイターズの選手たちに8回胴上げされた栗山は「感動しました」とひと言。すぐに次の目標を口にした。「（4年前の）日本シリーズに置いてきた忘れ物を、選手たちが一番感じているはずだ」

Kuriyama in His Own Words

059

北海道に行ってから
ファイターズがやってきたことが
日本一につながった。

2016年、11.5ものゲーム差をつけられながら追いついてリーグ優勝、チームを日本一に導いた栗山は、プロ野球の発展に貢献した監督・選手に贈られる正力松太郎賞に選ばれた。ファイターズから選出されるのは初めてで、「チーム全員でいただいた賞」と喜びを語った。

Kuriyama in His Own Words

060

三原脩さんなら（大谷を）どう使うのか。もっと（投手、野手の）両方で大胆に使っているかもしれない。

5球団で監督を務め6度の優勝を果たした三原脩は、先入観にとらわれず大胆な策を打ち出して“魔術師”と呼ばれた昭和の名監督。彼を師と仰ぐ栗山は、毎年墓参に訪れていた。「いつも、『大谷の使い方はこれでいいんですか』と問いかけている」と語った。

061

どんなことをしても結果を残させる。すべてあいつに背負わせるのがいいと思った。

2017年に打率.216、16本塁打、67打点と不振に陥った中田翔を救ったのが栗山だった。2018シーズン、新たにチームキャプテンに指名された中田は打率.265、25本塁打、106打点をマークし復活を遂げた。

Kuriyama in His Own Words

062

中田翔が本当に爆発しないといけないと監督になってからずっと言ってきた。

2018年11月の発言。「打撃の技術も高くて、守備も上手い。体も頑丈で、強い」というのが中田に対する栗山の評価だ。20代前半から四番の重責を担ってきたが、「彼の実力、技術を考えれば、もっといい成績を残してもおかしくない」と言う。

Kuriyama in His Own Words

063

『一を以《もっ》てこれを貫く』。一つ決めたことをやり切れればほかのこともできるようになる。

2021年3月、千葉県鎌ケ谷のグラウンドで。練習前、選手たちに〝全力疾走〟を呼びかけた。高い技術を持つプロ野球選手であっても、徹底しないといけないことがある。2019年、2020年と2年連続5位で終わったチームだからこそ、一つのことをやり切る大切さを説いた。

Kuriyama in His Own Words

064

俺としては一生懸命
（中田を）前に進めてきて
向き合ってきたつもりなんだけど
この結果は「つもり」でしかなくて。
結果が出なければ、やったことにはならないので
俺も本当に責任を感じている。

2021年8月、中田翔のチームメートへの暴力事件が明らかになる。「厳しい意見も、いろいろなお叱りも受けました。ただ、中田翔を中田翔らしくさせるために、野球をする中でできることがあると思っていたので、トレードという形になりました」

Kuriyama in His Own Words

065

次のステップを踏むためには
ちゃんとみんなに謝って
言われることも受け止めて
我慢して、前に進むしかないんだと
しっかり伝えた。

栗山は中田について、「手はかかるけど、見ていて面白い男じゃないですか、昔のプロ野球選手っぽくて。ああいう選手が活躍することでファンに喜んでもらうのもプロとして大切なこと」と言う。2024年にドラゴンズに移籍した中田の活躍を栗山は心から望んでいる。

Kuriyama in His Own Words

066

**多くの先輩方がつくってくれた
大切なものを継承しながら
すべての野球人が結束して
日本野球がなんたるかを示せるように
やっていきたい。**

2021年12月、侍ジャパン監督就任会見で「日本野球の意味、ジャパンチームの意味、重さ、責任を心の底から感じている」と語った栗山。日本野球の長い歴史の中で、先輩の野球人たちが努力し、成し遂げてきたことへの敬意を、栗山は常に忘れていない。

067

結局、自分の人生は自分でしかつくれない。
そのきっかけを
本気になるような環境をつくる。
人が育つことを手伝うという感覚で
選手に寄り添いたい。

ファイターズの監督時代を振り返って。「10年間（監督を）やらせてもらって、思った通りに進んだものもあるし、やっぱり悔しい、人として成長させてあげたかったなと思うこともあった」「最後は自分で感じて、自分で覚悟を決めて、自分でやりにいかないと」

Kuriyama in His Own Words

068

〝あの時にあれを
やっておけばよかった〟とか
〝あの人に会って
話を聞いておけばよかった〟とか
そういうものがないように
ひたすら準備をする。

侍ジャパンの監督として、2022年をどんな年にしたいかと聞かれ「今年の漢字一字にも記した“備”（そなえ）ですね。どれだけ準備できるのか」と答えた。「『あんなに準備したことないよね』といつか振り返れる1年にしたい」「勝つためには何でもやってやると思っています」

Kuriyama in His Own Words

069

俺の行動が遅れたからだ。
亡くなられて、もう会えない。
人としてダメ出しされた。
「あなた、大変なこと、しましたよ。
早く行動しないために
人生で一番大事なものを
失いましたよ」と。

2019年1月29日。京セラの創業者で、取締役名誉会長を務めた稲盛和夫氏に会えることになっていたが、前日に稲盛氏が体調を崩して面会はキャンセルに。栗山が尊敬する経営者は2022年8月に亡くなった。直接会って話ができなかったことを栗山は今も悔いている。

Kuriyama in His Own Words

070

やらなきゃいけないことは確実に早くやる。

稲盛氏と会えなかったことが、ひとつの教訓となった。侍ジャパンの監督として「大会までに必要だと思うことは絶対にやり切る」と決めた栗山は、2006年WBC日本代表監督の王貞治、2004年アテネ五輪を率いる予定だった長嶋茂雄から話を聞いて、WBCに臨んだ。

Kuriyama in His Own Words

071

そういう光景を見ている時に
このチームは本当に
世界一になれるんじゃないかと
僕は思って戦っていました。

2023年の第5回WBC。不振の村上宗隆が打席を終えてベンチに戻ると、大谷翔平や吉田正尚が、バッティングについて村上に話しかける光景を見たという。「若い選手たちが世界に向かってもっと良くなることを求めている。僕以上に彼らが前に進んでいた」

Kuriyama in His Own Words

072

野球に限らず自分がとどまってはいけないと思っている。

2023年3月、WBC優勝後の記者会見で、自身の今後について聞かれてこう答えている。

「これからは恩返しなので。まだまだやらなきゃいけないことがいっぱいある。自分の夢というか、やらなきゃいけないことに向かって、しっかりやっていかなければ」

073

挑戦し続けなさい。
そして信じ続けなさい。
もう一度言います。
挑戦し続けなさい。
そして自分を信じ続けなさい。

WBCを制した後の2023年4月、特任教授を務める北海学園大学の入学式に登壇した栗山は、「(侍ジャパンの)選手たちにずっと言い続けてきた」という言葉を新入生たちに贈った。結果を恐れることなく、世界の強豪に果敢に戦いを挑んだ監督らしい言葉だった。

Kuriyama in His Own Words

074

人というのは誰しもが
ものすごく大きな力を持っているけど
ダメなのかなと思った瞬間に
終わってしまうので。
最後まで諦めず
自分を信じてあげてください。

2023年4月、北海学園大学の入学式での言葉はこう続いている。「どうしても何かやっていると、うまくいかないんで、自分に能力がないのかなあと思ったりすることもあるんですが、絶対に大丈夫です」と、若者たちに熱く語りかけた。

栗山英樹語録

第四章 侍ジャパン、世界一へ

Kuriyama in His Own Words

075

本当に必要であれば
大谷選手に限らず
どこに誰がいてもこちらはお願いに行く。
特別な感覚はなく
勝つために必要な選手を呼ぶ。

2021年12月、侍ジャパン監督就任会見で「誰よりも野球を愛して、選手を愛して、精いっぱい務める」と語った栗山。師弟関係にある大谷翔平の招集について聞かれ、「もちろん、ファンの皆さんが見たい、夢のようなチームになってほしいという思いはある」と話した。

Kuriyama in His Own Words

076

誰が調子のいい状態で
プレーしてくれるか
誰が魂を持って戦ってくれるかが
非常に重要になる。

監督に就任した直後の2022年1月の言葉。その後、侍ジャパンに選出した選手たちについて、「人のために尽くす、そのための考え方ができていることに驚かされました。今回一緒に戦ってくれる選手たちは『本当にすごいな』と思うばかりで」と語っている。

077

その瞬間、瞬間を
とにかくベストなメンバーで
ベストを尽くす
繰り返ししかない。

2022年11月の強化試合（4試合）に臨む前の言葉。2022年シーズンに活躍した若手を多くメンバーに選んだ。ダルビッシュや大谷などメジャーリーグ組の参加はなかったが、今永昇太、髙橋宏斗らの好投が光った。

Kuriyama in His Own Words

078

最後はアメリカをやっつけて勝つ。その前提として、向こうを知り対等に勝負している選手たちはどうしても必要になる。

メジャーリーグで活躍するダルビッシュ、大谷、鈴木誠也がWBCへの参加を表明したことを受けて。「過去の大会でも、選手たちに話を聞くと『アメリカを知っている選手の助言が大きかった』と言っていた」「間違いなく、大きな力になる」と語った。

079

何が起こっても
僕は選手を信じる。

2023年1月6日、WBCのメンバー12人を先行発表。記者会見で「本当にいろんなことが起こると思います。たぶん想像を絶するくらい、一球一球、1イニング1イニングが長く感じるんだろう」、でも「最後まで絶対に諦めないし、必ず勝ち切る」と言い切った。

Kuriyama in His Own Words

080

日本の野球が
これからどう進んでいくのか
野球に感謝している人間として
何ができるのか。

2023年1月6日の先行発表で、メジャーで活躍するダルビッシュ、大谷、鈴木誠也の代表入りが正式に決定。栗山が前年夏からアメリカに渡って彼らと対話したことで招集が実現することになった。「未来の子どもたちのため、責任や夢を感じて決断してくれたと思う」

Kuriyama in His Own Words

081

〝アメリカで生まれた野球で
アメリカをやっつけるんだ〟
という気概で先輩たちが
やってきたからこそ今がある。
その思いをしっかり持ちながら
戦っていきます。

2023年2月、WBCの強化合宿前の言葉。「日本の野球がここまで進んでくるにあたっては、先人の方たちが本当に苦労をされて、努力をされてきた」「みんなの思い、大切な思いをしっかり胸に刻んで、その姿を見せていきたい」

Kuriyama in His Own Words

082

選手ひとりひとりに
「あなたがジャパン。
そのくらいの誇りと
引っ張る気持ちでやってください」
とメッセージを送ったつもり。
全員がキャプテンということ。

2023年3月に開幕するWBCの強化合宿で、チームにキャプテンを置かないことを明らかにした。選手たちには年齢差もキャリアの違いもあるが、侍ジャパンのユニフォームを着た時点で関係はない。ひとりひとりに侍ジャパンの一員としての責任と覚悟を求めた。

Kuriyama in His Own Words

083

チームが勝つために必要なのは全員が行動し全員が話をし全員が引っ張ること。

キャプテンを置かないことについて栗山はこう語った。「全員が、『俺がキャプテンだ』と思ったらプレーの仕方が変わるはず」「『先輩がいるし、これを言うのはやめようかな』ともならない」。2月に宮崎で行われた強化合宿から、選手たちは抜群のまとまりの良さを見せた。

Kuriyama in His Own Words

084

野球はどういう展開になっても何点差になっても必ずチャンスはある。WBCは世界一になるためだけに戦う。世界一に「なりたい」ではなく、「なります」。

WBCは初戦から決勝戦まで2週間の短い戦いだ。監督にも選手にも、迷っている時間はない。「どんな状況でも、一日一日、とにかくやり尽くしていく。絶対に諦めないし、必ずチャンスはあると思って、毎日を勝ち切れるようにやり尽くす」

085

選手が喜び
ファンが楽しむ。
最後、一緒にガッツポーズしている
イメージだけを持っています。

2023年1月26日、侍ジャパンのメンバーに投手15人、野手15人が選ばれた。メジャーで実績のある選手もいれば、キャリアの浅い20代の若手もいる。ファイターズで10年の監督経験を積んだ栗山には、チーム全員で歓喜する優勝の瞬間が見えていたのかもしれない。

Kuriyama in His Own Words

086

魂を持って選手が一つになるのはすごく大きな意味がある。

侍ジャパンに日系メジャーリーガーであるラーズ・ヌートバーを選んだ背景について、「世界がグローバル化していき、同じ思いや目的を持った人と人とが結びついていく時代になった」と語る。「彼が加わってくれたことで侍ジャパンの歴史も変わりました」

Kuriyama in His Own Words

087

そういう日に先発するというのは
野球の神様が（佐々木）朗希に
「頑張れ」って
メッセージを送っていると
僕は思っている。

2023年3月11日、WBC1次リーグB組第3戦・チェコ戦。栗山がマウンドに送ったのは、東日本大震災で家族を失った佐々木朗希だった（4回途中まで投げて1失点、自責点0で勝利投手に）。「いろいろ考えていく中で、自然にそこに導かれるような感じがあった」

Kuriyama in His Own Words

088

まずは一球一球
魂を込めて
目いっぱい投げる姿を感じた。
ボールを投げるというより
思いを届けているように見えた。

佐々木朗希の8奪三振の力投によって、3月11日のチェコ戦は10対2で勝利する。試合前、「世界の頂点を目指していく道を歩むはずの投手」「朗希らしいピッチングを期待しています」と語った栗山。佐々木にとって特別な日の好投で、チームはさらに勢いづいた。

Kuriyama in His Own Words

089

世界がびっくりするようなバッターだと
僕はこのWBCで証明したいとやってきたので
その彼を信じる気持ちは
揺るぎないものがある。
「最後はおまえで勝つ」と言ってきたので。

2023年3月20日のWBC準決勝・メキシコ戦。不振だった五番・村上宗隆の二塁打でサヨナラ勝利を飾った後の言葉。「(村上は)最後に打ちましたけど、たぶん本人の中ではまだチームに迷惑をかけてるという感じしかないんじゃないか」

Kuriyama in His Own Words

090

思った通り、相手は素晴らしいチーム。
なかなか突破口が
見つからず苦しんでいる中
勝ち負けは別として
「野球すげーな」と。
やっているほうが感動した。

メキシコ戦で大逆転勝利をおさめた後、「思った通り、素晴らしいチーム」と対戦相手を称えた。勝利が求められた準決勝、不振だった村上宗隆の劇的なサヨナラ打が飛び出す場面で「勝ち負けは別として」と感じられるところに、栗山の栗山たる理由がある。

Kuriyama in His Own Words

091

日本の野球にとっても
決勝でバリバリのメジャー勢と
やれることで子どもたちも野球選手も
絶対あそこでやりたいって
思ってくれるはず。
選ばれたらWBCに行くんだと。

WBC決勝で、メジャーリーガー揃いのアメリカと対戦した侍ジャパン。8回をダルビッシュ、9回を大谷翔平が締めて世界一に登りつめた。最後に大谷がマイク・トラウトから三振を奪ったシーンは長く人々の記憶に残ることだろう。

Kuriyama in His Own Words

092

選手たちが本当に心を通わせてチームをつくってくれたことがすごく大きかった。

「WBCではいいチームをつくって、勝ち上がらなければならない」と考えていた栗山。「侍ジャパンは何のために野球をやるのか。我々のユニフォームにはなぜ日の丸がついているのか」と指揮官が問いかけ続け、たどりついた世界一だった。

093

試合の中で選手たちが
その場その場で
自分の役割をやり切ってくれた。
素晴らしい試合だったし
素晴らしいチームだった。
僕からはありがとうという言葉しかない。

プロ野球球団所属の26選手と帰国した栗山は、記者会見で「日本でたくさんの人が応援してくれたと感じた。感謝でいっぱいです」と語った。MVPに選ばれた大谷、ベストナインの吉田正尚（大谷は投手とDHで選出）だけではなく、全員でつかんだ世界一だ。

Kuriyama in His Own Words

094

宿題を持ったまま終わるよ。宿題があったほうが人間、前に進めるからね。

準々決勝から村上宗隆の打順を五番に変更した栗山が、「宿題を持ったまま終わるよ」と彼に言ったのは、それだけ期待しているからだ。「メジャーリーガーなどすべてを超えて一番になるためには宿題があったほうがいい」。村上は「次は必ず四番を打ちます」と答えたという。

Kuriyama in His Own Words

095

ひとりの人間が
すべてをかけて全力を尽くす
泥まみれになって
やり切る姿が感動を呼ぶと
戦ってそう思った。

WBC優勝後の日本記者クラブでの会見で、「感動するのは、もちろん能力だったり、技術だったりかもしれないけど」と前置きしてからこう語った。「『野球って面白いんだよ』『すごいんだよ』と伝えてくれた選手たちが、シーズンでまた同じようにプレーしてくれる」

Kuriyama in His Own Words

096

正面から選手に〝ぶつかる〟感じで話す。その作業だけは自分でしないといけない。自分の思いは自分でしっかりと正面から伝えなければいけない。

WBC優勝後の記者会見で、若者のハートをつかむコツを聞かれて、「選手からするとウワッと来られるので面倒くさいかなと思うけど」と前置きしてこう答えた。「誠心誠意、相手に正面からぶつかる作業ができれば、時間がかかっても、伝わるものは伝わると思う」

Kuriyama in His Own Words

097

人生の中で
あんなに追い込まれることは
今後ないと思う。

WBC優勝後の記者会見で、日の丸を背負って戦った重圧についてこう語った。栗山は「WBCで改めて、野球の勉強をすることができた、と考えています。『このくらいのレベルの選手でないと世界では戦えない』ということがわかりました」と言う。

Kuriyama in His Own Words

098

その宝物を預かることの大変さ、責任が一番自分の中で大きかった。

2023年6月2日の侍ジャパン監督の退任会見で、代表監督として一番大変だったことは何かと問われて。「選手たちに絶対にケガをさせてはいけない。各球団から選手をお借りして、元気な姿でお返しすること」「選手に救われた、助けてもらった形だった」と答えた。

099

例えば中国戦でも、チェコ戦でも
本当に相手の選手たちの
一生懸命な姿であったり
そういったものを感じながら
こちらも気がつくことがあった。

侍ジャパン監督の退任会見で語った言葉。初戦の中国戦、続く韓国戦、チェコ戦も大勝した日本だが、指揮官である栗山にとって印象に残る試合だったという。まわりの人が見過ごしそうなプレーから気づきを得るところに栗山らしさがある。

Kuriyama in His Own Words

100

僕にとっては WBCの7試合、すべてです。

侍ジャパン監督の退任会見で、最も印象に残った試合はどの試合か、と問われて、栗山はこう答えた。「1試合1試合に本当に意味があった。勝ち切った瞬間も大きかったかもしれないけど、1試合1試合が生涯、忘れられない試合だなと思います」

101

野球をやる子どもたちが少なくなる中でWBCは夢のある戦い方が求められている。

野球人口が年々減少していることに対する危惧が、栗山にはある。「野球界のためになるならば、野球好きの子どもたちのためになることならば、何だってやるという意気込みでいます。そういう使命が私たちにはあるから」

Kuriyama in His Own Words

102

**日本の野球界にとっては
素晴らしい財産だし
彼らにとっても素晴らしい体験。
それを見ていた子どもたちの中には
「かっこいいな、野球をやろう」と
思ってくれる子どもがいるはず。
そのことが僕はすごくうれしいし
そういう効果があったと思う。**

WBC決勝戦では、先発の今永の後、戸郷翔征、髙橋宏斗、伊藤大海、大勢という若手投手が細かくつないでアメリカに追加点を与えなかった。「若い投手たちが、これだけすごいメンバーの米国打線に対し臆することなく一生懸命に投げた」と栗山は絶賛した。

Kuriyama in His Own Words

103

「侍ジャパンのあなたは一員なんです」ということではなくて「あなた自身が侍ジャパンなんです」と。

「チームが世界一になるためにどうしたらいいのかと思った時に、選手にどうしても伝えたいことが一つだけあって、全員に手紙を書きました」と栗山は言う。手紙には「あなたの姿こそが日本野球そのものです」と記されていた。

Kuriyama in His Own Words

104

見たことのない景色を選手たちに見せてもらった。

2023年6月2日、侍ジャパン監督の退任会見で、共に戦った選手たちへのメッセージとして栗山はこう語った。「優勝した時に何が起こるんだ、景色は何だったのかと聞かれると、全く、よくわからない。ただ、勝ち切るって、そういうことなんだろうな」

2021-2024

WBC世界王座奪還、
そして日本野球の未来へ

「このままでは終われない」野球日本代表「侍ジャパン」トップチーム監督に

栗山がファイターズの指揮官の座から退き、退任会見を行ったのが2021年11月1日。その1カ月後、第5回WBCに挑む日本代表の監督に就任することが発表された。しかし、まだコロナ禍にあり、思うように強化は進まなかった（2022年3月に予定された強化試合は中止）。2022年11月の強化試合で、侍ジャパンの監督として初めて采配を振った。

ファイターズの監督を退いてすぐに、侍ジャパンの監督就任のオファーをいただきました。

ファイターズの監督の後に何をするか、当時はあまり具体的には考えていなかったように思います。先のことを考えられる状態ではなかったですね。前任の監督から2位で受け取ったバトンを次に渡すのに「この状態では申し訳ない」「ある程度、勝てるチーム状態にしないと」という思いばかりがあって。その頃にあったのは、自分自身に対するいら立ち、ふがいなさ……悔しさよりもそれらのほうが強かった。

その頃、ファイターズの10年間を支えてくれて、私が監督としてずっと苦しんでいるのを近くで見ていた岸七百樹《なおき》マネージャーから、こう言われたことを覚えています。「もし、また監督をやってほしいと言われたら、やりますか」。私は「間違いなくやるよ」と答えました。

退任することに対しては納得していたんですが、「こんなふうに負け続けてやめないといけないのか」「自分の責任を果たせなかった」という悔しい思いがありました。「今回の経験を何かでうまく活かさないと」とも思っていた。

しかし、退任から1年後くらいにオファーをもらっていたら、受けられなかったかもしれません。ブランクができていたら、この悔しさが薄まっていたかもしれない。監督をやめて間がなかったから、決断できたように思います。

一緒に戦った選手たちにも言われました。「侍ジャパンの監督なんていうしんどい仕事をよく引き受けましたよね」と。冷静に考えると、自分の中で消化できていない思い、悔しさがその原動力になったのだと思います。

ただ、はじめは「侍ジャパンの監督は私にはできません」とお断りしました。「私は適任ではないのでは」という思いからです。私は現役時代、ジャパンに選ばれたこともありませんし、日の丸をつけてプレーした経験自体がない。そんな人間に務まるポジションではないのではないか、「本当に私でいいんですか」と。でもその一方で、「このままで終わっていいのか」「苦しい経験を若い人に返さないと」という思いが自分にあり、日本代表監督のオファーをお受けすることにしました。

やはり正直に言うと、私の中には悔しさが充満していた。自分でファイターズの監督をやめると決めたものの、「何にもできなかった」「誰のためにもなれなかった」「やらなきゃいけないことができなかった」という悔しさがあったのです。

ファイターズの監督時代、見た目とか体型とかは全く気にしませんでした。退任直後はかなり疲労が溜まっているように見えたらしい。しばらくしてからテレビ関係者に「やっと栗さんらしくなってきましたね」と言われました。本当に、野球のことしか考えない10年間だったのです。

毎日、勝ち負けのことと選手のことしか考えていなかったから、どんな生活をしていたのか思い出せないくらいです。50歳で監督になって、あっと言う間に60歳になっていたという感じです。それは、歳も取りますよね。10年間はどこにいっちゃったんだろうか。自分の感覚としては3～4年くらいでした。

私は積極的に動きたいタイプの人間なのですが、各球団の選手や監督に会いたくてもコロナ禍では思うようにいきませんでした。できれば、一緒に戦いたい選手ひとりひとりに会って、ＷＢＣへの思いやコンディションについて話をしたかった。でも、11月の強化試合までは表立って動くことができませんでした。

そんな中で、深く物事を考える習慣が身についたように思います。そういう意味では大きな1年間でした。

ファイターズの監督時代は目の前の試合に追われていたので、本を読んでいても深く入っていくことが難しかった。以前よりももっと深く、じっくりと考える時間を持つことができました。

２０２２年11月に行われたオーストラリア代表などとの強化試合で数多くの若手を抜擢している。その時に選出された選手の中から、宮城大弥（オリックス・バファローズ）、高橋奎二（東京ヤクルトスワローズ）、戸郷翔征（読売ジャイアンツ）、湯浅京己（阪神タイガース）らが代表入りを果たした。

侍ジャパンの監督に就任して1年間、代表メンバーを選ぶという立場で冷静に選手たちを分析してきました。例えば村上宗隆選手（東京ヤクルトスワローズ）の頭の良さとコミュニケーション能力の高さには驚かされましたし、佐々木朗希投手（千葉ロッテマリーンズ）はものすごくいいところ、ここが伸びそうだというところと一緒に

弱点も見えました。11月の強化試合を通じて、選手個人個人に対して気づくことも多かった。やっぱり一緒に戦わないとわからない部分がありますから。

その1年、長嶋茂雄さんや王貞治さん、原辰徳さんをはじめ、多くの方にお話を聞いてきました。その中で、頭に刻んだものがたくさんあります。それをＷＢＣにしっかりと持ち込んで戦っていきたいと考えました。

11月の強化試合で、森友哉選手（当時：埼玉西武ライオンズ、現：オリックス・バファローズ）が2試合、甲斐拓也選手（福岡ソフトバンクホークス）と中村悠平選手（東京ヤクルトスワローズ）が1試合ずつ先発マスクをかぶりました。私は「キャッチャーだけは一緒に試合をしてみないとわからない」と考えていました。その捕手の持っている空気感、座りの良さみたいな微妙なものは、実際にやってみないとつかめないのです。

投手がリズムを狂わせたり、変調をきたしたりした時にどう対処するのかを、強化試合で見たかった。「おかしい」と感じたことを同時に体験しないとわかりません。投手やベンチとのコミュニケーションの仕方なども確かめたかった。能力とはまた別の部分、捕手としてのタイプや引き出しの多さを見たかったというのはあります。

「ＷＢＣはピッチャーで勝つ」と私は強く思っていたので、捕手の役割は本当に重要なのです。

誰が一番いいのかについては、先入観を持つことなく、強化試合を戦いながら、合宿などで時間を共に過ごしながら決めていこうと考えました。最終的には、甲斐と中村に加えて、打力のある大城卓三選手（読売ジャイアンツ）の3人をメンバーに選びました。

2023年3月8日に開幕した第5回WBC。プールBの日本は初戦の中国戦を8対1で、2戦目の韓国戦も13対4で大勝。続くチェコ戦は10対2、オーストラリアにも7対1で勝利した。準々決勝でイタリアと対戦した日本の先発捕手は甲斐（中村が途中出場）、準決勝のメキシコ戦（甲斐、大城が途中出場）、決勝のアメリカ戦では中村がマスクをかぶった。

プールBでの戦いと準々決勝以降では、投手と捕手のコンビを変えているわけです。勝つために最善を尽くそうと思った結果、そうなりました。それが正しかったのかどうかはわかりません。自分では、考えに考え抜いた起用法でした。

捕手は毎試合、自分が先発マスクをかぶりたいものだと思います。そのほうが戦いやすいから。でも、相手打線との兼ね合いや試合展開を見て起用することにしました。例えば、準決勝のメキシコ戦は3点リードされてしまったので、早めに追いつきたくて5回の時点で中村に代打を出しました。

捕手３人を選考するにあたっては、守れる人を2人、攻撃的な選手を１人入れたかった。私がファイターズの監督時代、ホークスの捕手である甲斐のすごさを見せつけられてきました。どれだけ守りでやられたことか。中村はバランスのいい選手で、大城のバッティングは素晴らしい。この３人がいれば、どんな試合展開になっても対応できるという自信がありました。

侍ジャパンの合宿がスタートしたのは２０２３年2月で、大会は3月という短期決戦でした。顔なじみのメンバーもいれば、今回が初めての選手もいました。結果的にはダルビッシュがまとめ役となって、チームに一体感が生まれました。こんなにいいメンバーが集まることは二度とないんじゃないかと思うくらいの布陣でした。

私から見た時に気になるところが全くなかったかというとそんなことはありませんが、すべてがうまくいったと思います。ダルビッシュ有（サンディエゴ・パドレス）、大谷翔平、ラーズ・ヌートバー（セントルイス・カージナルス）の存在は本当に大きかった。

侍ジャパンの監督として意識していたのは、みんなを巻き込むこと。侍ジャパンには、いろいろな人たちを巻き込めるだけの力を持った選手たちがたくさんいます。今回の30人のメンバー全員に、周囲を巻き込むための正しい考え方が備わっていると私は感じていました。

人のために尽くす、そのための考え方ができていることに驚かされました。今回一緒に戦ってくれる選手たちは「本当にすごいな」と思うばかりで。

侍ジャパンは何のために野球をやるのか。

我々のユニフォームにはなぜ日の丸がついているのか。

そういうことを選手たちは私以上に理解してくれている。大事なのは、それを、観ている人たちに感じてもらうことができるかどうか。ＷＢＣではいいチームをつくって、勝ち上がらなければならないと思いました。

そうして準々決勝でイタリア、準決勝でメキシコを破り、決勝でアメリカと戦って世界一になることができたのです。

準々決勝のイタリア戦から、栗山は不調の村上宗隆の打順を五番に変更。準決勝のメキシコ戦は4回に3失点したまま、0対3で試合が進む。7回裏に吉田正尚（ボストン・レッドソックス）の3点本塁打で追いついたものの、村上のバットは4打数ノーヒット、3三振と湿ったままだ。1点リードを許して迎えた9回裏。大谷の二塁打、吉田の四球でノーアウト一・二塁の場面で村上に打順が回ってきた。

準決勝、メキシコ戦のあの時、ベンチにいる全員が私のことを見ていたはずです。もし送りバントでワンアウト、二、三塁にすれば同点になる確率も、1本のヒットでサヨナラ勝ちする可能性も高くなる。そのために牧原大成選手（福岡ソフトバンクホークス）が送りバントの準備をしていることはみんながわかっていました。

この日も村上は当たりが出ていない。もし内野ゴロを打てばダブルプレーになってチャンスが潰《つい》えるかもしれない。村上自身も「代打を出されるかもしれない」と考えていたはずです。

全員が、私がどんな手を打つか注目していたことでしょう。私は村上に代打を出すことなく、打たせました。結果は皆さんもご存じの通り、村上のセンターオーバーの二塁打が飛び出し、サヨナラ勝ちすることができました。

あの時、ベンチにいる選手たちが何を考えたのかはわかりません。「監督、代えないのか……」と思った選手も、「村上で勝負するのか！」と考えた選手もいるでしょう。「本当に大丈夫か……」と不安になった人もいるはずです。二塁ランナーだった翔平はいつもと変わらない感じで見ていたように思います。「監督なら、村上に任せるだろう」と考えたかもしれない。

結果的に村上のバットで勝利を手繰《たぐ》り寄せることができました。だから、あの采配を皆さんは褒めてくださるんですが、一つ間違えば、全く違った結末になっていたかもしれない。大会が終わってからいろいろな方と話をしましたが、野球関係者の多くは「あそこはバントで」という意見でした。でも私は「監督として手は打ったけど」という采配を選びたくはなかったのです。

実はあの時は「村上が内野ゴロを打ったら……」と頭にはよぎりましたが、試合に勝ってホテルに戻ってホッとしてから、「ダブルプレーだったら終わってたな」と思って、初めてぞっとしたんです。

あの場面で相手投手のボールが上ずりはじめた。だから、外野フライは打てる。ライトかセンターに飛べば、翔平の足なら三塁には行けるだろう。ワンアウト、一、三塁からどうやって攻めようかと考えていました。一塁走者の周東佑京選手（福岡ソフトバンクホークス）なら盗塁ができるから、チャンスが広げられると。そうなれば、ワンアウト、二、三塁になるのでバントと同じだなと瞬間的に考えていました。

でも、こうやって振り返る時、ホントにあの時そう考えてたかな？　と思うこともあります。ちょっとできすぎですよね。本当に、村上がよく打ってくれました。

監督は誰にも負けないくらいに考えて、考え抜いて根拠を出さないといけない。失敗したら監督の責任です。だけど、私がクビになったくらいでは何にもならない。どちらにしても取り返しはつかないわけですから。

ＷＢＣ準決勝の9回裏、私は自然に任せることを選択しました。私の知恵でどうこうしようとは考えなかった。

村上をあれ以上苦しめないために、バント要員を代打に出すという選択もありましたが、私は打たせた。

なぜそうしたのかと考えると、それまでの村上の姿を見ていたから。

どんなに不振でヒットが打てなくても、凡退してベンチに戻ってからうつむくことなく声を出す村上がいました。彼の一生懸命な姿勢、苦しくても言い訳をしない生き様を見て、「こいつに賭けよう」と思ったのです。それがあの時の根拠でした。そんな選手を信じなければいい結果は出ません。あの時を振り返ると、「どの作戦を取っていても成功していたんじゃないか」とも考えます。

野球界の常識とかサイエンスとかを超えたところで、神様が「おまえたちに勝たせてやろう」と言ってくれていたような気がします。みんなが勝つために努力をしていたから、最高の結果が訪れたんだろうと思います。

アメリカとの決勝戦。マウンドに翔平がいて、打席にマイク・トラウト選手（ロサンゼルス・エンゼルス）が立っている。1点リードはしているんだけど、「もし打たれたら？　同点にさせないためにどうしようか」と考えることはあったはずなのに、「これで勝った！」「神様が決めた！」と思いました。そんなことは初めてでした。

ＷＢＣを終えた選手たちはそれぞれ、自分の戦いの場に戻っていった。

メジャー１年目の吉田正尚はボストン・レッドソックスのクリーンアップを任され、２０２３年、打率２割８分９厘、15本塁打、72打点をマーク。

侍ジャパンの切り込み隊長、ラーズ・ヌートバーは２０２３年、打率２割６分１厘、14本塁打、11盗塁と大活躍。

ダルビッシュ有は２０２３年こそ８勝に終わったが、２０２４年５月に日米通算２００勝を達成した。

アメリカとの決勝戦で先発登板を果たした今永昇太（当時：横浜ＤｅＮＡベイスターズ）は２０２３年シーズン後にシカゴ・カブスと契約を結び、２０２４年は９月16日時点で14勝を挙げている。

大谷翔平はロサンゼルス・エンゼルスの最終年となった２０２３年に、投手として10勝、打者として日本人初の本塁打王を獲得。９月に二度目となる右ひじの手術を行ったが、２０２４年はロサンゼルス・ドジャースで活躍。８月30日にメジャー史上初の43―43（43本塁打、43盗塁）をマークし、９月19日には51―51を達成している。

侍ジャパンメンバーのその後の活躍を一番楽しめているのは私かもしれません。翔

平はもちろん、ダルビッシュも吉田もヌートバーも、メジャーリーグで素晴らしい活躍をしてくれています。

２０２４年からは今永昇太投手と松井裕樹投手（東北楽天ゴールデンイーグルス→サンディエゴ・パドレス）もそうですね。今永ともヌートバーとも話をしましたが、みんな、「ＷＢＣの体験が大きかった」と言っています。

２０２３年のシーズン開幕前のＷＢＣに出てもらうにあたって、みんなに無理をさせたことは間違いない。それでも出場してくれたことが彼らの力になり、野球界のためになったのだとすれば本当にうれしく思います。

侍ジャパンのメンバーとして共に戦った期間は決して長くはなかったですが、10年間一緒だったファイターズの選手たちと同じくらいの濃さがあったように思います。かけがえのない仲間です。

監督の私よりも、選手たちのほうがプレッシャーを感じていただろうと思います。「自分のせいで負けたらどうしよう」と誰もが思ったはず。

準決勝のメキシコ戦で先発マウンドに上がった佐々木朗希も、決勝で投げた今永昇太もそう。彼らは苦しいところで踏ん張り、難関を乗り越えていった。あれを経験したことで、さらに大きな勝負にいった時に自分らしくプレーができるようになったのかもしれません。滑るボールに悩まされた松井裕樹も、それを克服してメジャーで頑張っています。

苦しみながらも苦労して準備したことを大きな舞台で試した、その経験が彼らの人生に役立っているとしたら、これほど素晴らしいことはありません。

侍ジャパンの監督の任期を終えた栗山は２０２４年1月、ファイターズのチーフ・ベースボール・オフィサーに就任した。創設50年目を迎える球団の基盤強化・発展と、チームの編成強化を推進するために新設されたポストだ。現在は球団運営とチーム編成の両方の役割を担っている。

私はＷＢＣで改めて、野球の勉強をすることができた、と考えています。「このくらいのレベルの選手でないと世界では戦えない」ということがわかりました。ドラフト会議に向けて、アマチュア選手を中心に見ていますが、そのラインが頭の中にあります。

侍ジャパンのメンバーには、ドラフト1位で指名された選手もいれば、ドラフト下位入団の選手も、育成出身の選手もいました。プロ野球への入り方はいろいろだけど、目指すべきは「ここだ！」というのが明確になりました。１６０キロのストレートを投げる投手もいれば、ロングヒッターもいる。守備や小技が上手い選手や足のスペシャリストなど、いろいろなタイプの選手がいました。

10年後、「２０２３年の侍ジャパンの試合を見て、こういう選手になろうと思いました」という選手が出てきてくれればと期待しています。

日本のプロ野球と関わりのなかったラーズ・ヌートバー選手が活躍してくれたことも、本当に大きかった。彼が加わってくれたことで侍ジャパンの歴史も彼の人生も変わりました。

ヌートバーの選球眼、出塁率に私は注目していました。打てなくても塁に出る確率が高かった。実際、ＷＢＣ初戦の第1打席でヒットを打って、その後も素晴らしい守備を見せてくれました。あれほどまでの活躍、貢献、もちろん願ってはいましたが、結果は想像を超えるものでした。日本のプロ野球でプレーしたことのないヌートバーが必死に戦ったことで日本中が盛り上がりました。いずれ日本でもプレーしてもらいたいと思いますが、今はメジャーで大きく羽ばたく可能性があるので、それを見守っていきたいですね。

２０２４年の春、メジャーリーグを視察してきました。野球が変わっていることを痛感しています。もうデータではなく、サイエンスの時代になっています。

毎日、アナリストのレポートを見ていますが、これまでのモノサシではもう測れなくなっていると感じます。だから、私たちの頭も一度、真っ白にする必要がある。

自分の体験はもちろん大切ですが、それだけでは見誤ることがあります。サイエンスの力を使って出せるデータを使いながら、自分の経験も加味しながら、物事を冷静に見なければなりません。

ＷＢＣで優勝したから、私のことを野球の専門家だとか目利きだとか思っている人がいるかもしれません。

でも、そんなことはありません。これは全く謙遜ではなく、心からそう思います。野球はどんどん変わっているので、勉強しない者はついていけなくなるという現実が目の前にあることを実感しています。もう、ひとりの天才がすべてをやる時代ではありません。

サイエンスが導き出す答えに、私たちの経験からくるもの、覚悟を超えた感性のようなものを加えて判断をする必要がある、と強く感じています。

それぞれをしっかりと分けながら、判断する際には、それらをうまく利用することが求められているのです。

かつて、プロ野球の監督になるためには現役時代の成績や知名度が必要だった。90年の歴史を振り返ってみても、その球団で功績のあった名選手が指導者になるケースが多い。

世界大会に出場する日本代表の監督もまたしかり。アテネオリンピックの長嶋茂雄（病気のために中畑清が監督代行）、第1回ＷＢＣの王貞治、北京オリンピックの星野仙一、第2回ＷＢＣの原辰徳など、スーパースターが名を連ねている。


プロ野球という世界の中で、私が異分子であることは間違いない。甲子園で活躍して、プロ野球でタイトルを獲ったという、いわゆる野球エリートではありません。

２０１２年に北海道日本ハムファイターズの監督になった時、名選手でもない上に指導者の経験のない私が、監督として成功するとは誰も思わなかったかもしれない。「どうせ失敗するだろう」と考える人がたくさんいたでしょう。そういう意味で言えば、非常にやりやすかった。

なぜなら「普通のこと」をやらなくてもいいから。逆に、「普通のことをやっても仕方がない」くらいに考えていました。セオリーに縛られることなく、思い切った勝負ができる。結果を求められないわけじゃないけど、期待のかけられ方がほかの監督とは違っていると感じました。だから私は、「自分を信じてくれた人に恩返しをしなければ」と思ったし、「そのために自分の信じることをやろう」と決めていました。

２００６年に初開催されたＷＢＣでは、第１回大会、第２回大会（２００９年）と連覇を果たした日本代表。だがオリンピックでは、プロが参加するようになった２０００年シドニーオリンピック以降、２０２１年東京オリンピックで金メダルを獲得するまで苦杯をなめ続けた。そして２０２３年、栗山率いる侍ジャパンはＷＢＣで世界王座奪還を果たす。

私はファイターズの監督になるまで、ずっと取材者として国際大会について伝える立場にいました。

今回、ＷＢＣに監督として臨むにあたって、改めて長嶋茂雄さんにお話を聞かせていただきました。長嶋さんがかつて言われた「野球の伝道師たれ」という言葉は侍ジャパンのみんなの心に響いています。今回、それを選手たちに伝えた時に、「それは当たり前」と受け止めてくれました。世界と戦ってきた先人たちの思いは現役の選手につながってると思います。少しずつ、確実に前に進んでいます。

日本人がメジャーリーグで活躍する前からアメリカの野球を見てきて、野茂投手の活躍以降、アメリカでのプレーを望む日本人選手が増えることは必然だろうと考えていました。そこに山がある限り「登りたい」と思うのがアスリートであり、優れた野球選手だからです。私のレベルでさえ「もう一回、ここで野球をやりたい」と思ったほどです。能力がある選手なら、当然そう考えることでしょう。それが自然だと思いました。

野球界でもトップ選手が参加して世界大会が行われるようになりました。様々な地域で行われたWBC予選も映像で見ましたが、本当に威信をかけた真剣勝負になっています。どの選手たちも、みんなが必死で戦っています。

ほかのスポーツでも世界大会が行われますが、例えばWBCに関して、サッカーのワールドカップと同じ価値を世界中の人が感じているかというと、まだそこまでではないのかもしれません。でも、2023年のWBCの戦いで少し流れが変わったんじゃないかと思っています。

2004年に球界再編問題が起こった時はプロ野球の危機でした。今は、野球自体の危機に瀕していると考えています。野球を見る人が少なくなる、野球をする人口が減るという大変な時期に直面しています。野球界のあり方そのものを見直すべきタイミングなのかもしれません。

昨年（2023年）、大谷翔平が全国の小学校にグローブを寄贈したことが話題になりました。WBCで日本代表が優勝したことでいろいろな反響もありました。ただ、ボール遊びができる場所が少ないことや、野球人口が減っているという問題が顕在化しています。野球に関わる者すべてがアクションを求められています。

私の現役時代もファンサービスを意識はしていました。でも、「サインする時間があるなら練習しろ」と言われた時代でもありました。

当たり前のことですが、プロ野球はファンの人がいないと成り立たない。応援してくれる人がいるから、選手たちはプレーを続けることができるのです。それを大前提として、記事になるような発信を心がけていました。

野球界のためになるならば、野球好きの子どもたちのためになることならば、何だってやるという意気込みでいます。そういう使命が私たちにはあるからです。

栗山英樹の本棚

栗山英樹の本棚　プロローグ

私の読書歴と読書方法

幼い頃、父親が本だけはよく買ってくれたので、野球漫画はほとんどと言っていいほど読んでいました。『王貞治物語』や『ベーブ・ルース物語』などの伝記本もよく読みました。でも高校を卒業するまでは野球ばかりの毎日で、真剣に本を読み始めたのは大学生になってから。野球部でバッテリーを組んだ同級生が読書家で、彼に影響を受けました。プロ野球選手の時はなかなか読書の時間がとれなかったのですが、29歳で引退してキャスターとしていろいろと取材をさせていただく中で、「自分はこれでいいのか」「もっと勉強しなければ」と思い、様々な本を読むようになりました。私のように、30代、40代で本好きになる人は少ないのかもしれません。読書量がさらに増えたのは50歳でファイターズの監督になってから。あの10年間に様々な種類の本を読むことができました。夜に試合がある日は、午前中に散歩をした後、読書をするようにしていました。遠征先では意外と時間があるので、ホテルから一歩も出ずにずっと本を読む、という日もありました。

私は本のおかげで救われた経験があるし、監督時代には本が支えになりました。選手たちにも、空いた時間を使って本を読むようにと言ってきました。ゲームをするのもかまわないけど、本を読んだほうが学びになると私は考えています。

自分が面白いと思った本を、選手たちに薦めたりもします。例えば『蜜蜂と遠雷』（恩田陸：著）は、近藤健介選手（元：ファイターズ。現：福岡ソフトバンクホークス）が入院した時に渡しました。努力の仕方についてものすごく勉強になるし、何より物語が素晴らしい。小説家って本当にすごいなと思います。

選手のほうから「いい本、ありませんか？」と聞かれることもあります。そういう時は、思想や『四書五経』などの難しい本と、読みやすい小説とを混ぜて贈るようにしています。甲斐拓也選手など、捕手が多いですね。ＷＢＣの時に吉田正尚選手にも聞かれたので、大会が終わってから、ボストンのクラブハウスへ何冊かセットにして贈りました。でも、「あれ、読んだ？」とか「面白かったでしょ？」とかは私からは聞きません。強制ではなく、自分から読もうとしないと意味がないと思っているからです。

私自身は、スケジュールが埋まっていてあまり時間がない時でも、なるべく読書を習慣化するように心がけていました。「寸暇を惜しむ」というのを自分の中のテーマにしていて、５分しか時間がない時でも本を開くようにしています。その５分でためになったり、ひらめきの素になったりします。

40代、50代になっても学ぶことはできる

ファイターズで10年間、侍ジャパンで１年半、監督をやらせていただきました。

今年（２０２４年）の春、アメリカで数多くの球団を視察したのですが、わからないことが山ほどあって、「自分は野球の専門家とは言えない」と思いました。

監督という仕事に限らず、あらゆる仕事や役割についても言えることだと思いますが、忙しく動いているから自分では学んでいるつもりでいても、そうじゃないことが多々あります。「知っているつもり」が、「何も知らない」ということになりかねない。

年齢を重ねた時、人や組織に貢献できる人になるためには、その違いをわかっていなければいけないと思います。私は今回、アメリカに行ったことで「何にもわかって

いない」と痛感しました。だから、もう一度、頭を真っ白にして野球を勉強しようと考えています。野球は歴史のあるスポーツですが、どんどん進化しています。アメリカでは、「こんなに変わっているのか！」と驚くことばかりでした。

これは野球だけではないはずです。世の中は至るところでものすごいスピードで動いている。変化していることを理解したうえで行動するかどうかによって、その人の「これから」が大きく変わると思います。

自分よりも先に世の中が変わっていくのですから、それを追い越そうとしないと、気づいた時には「失敗した……」となるかもしれません。「変わっている」ことが頭ではわかっていても、その速さを実感できないという人が多いのではないでしょうか。

ＷＢＣ優勝の余韻に浸っているうちに、日本の野球界が世界から取り残されることがないようにしなければと私は考えています。

その分野の専門家、勉強している人のところに情報は入ってきます。仮に、自分が変化のスピードに追いつけなかったとしても、そういう人たちに協力してもらうことで対処ができる。同じ意味で、新しい情報や考え方を取り入れるためにも、私は本を活用しているのです。

人はこう生きることで優しくなれるのか？

〝心が泣ける〟小説

- 『蜜蜂と遠雷（上・下）』 恩田陸 幻冬舎文庫
- 『夜のピクニック』 恩田陸 新潮文庫
- 『逆ソクラテス』 伊坂幸太郎 集英社文庫
- 『ライオンのおやつ』 小川糸 ポプラ文庫
- 『君の膵臓をたべたい』 住野よる 双葉文庫
- 『君と会えたから……』 喜多川泰 ディスカヴァー・トゥエンティワン

私は小説をたくさん読んでいるわけではありません。「本好きの皆さんが何を読んでいるのかな？」という興味で本を手に取ることが多い。だから、『本屋大賞』に選ばれた小説、候補になった小説、受賞作家の小説を読むことがあります。

私にはできないことを、小説を読むことで体験できるし、違う人の人生を生きられる。実際に小説を読むと、素直に泣けてくる。私が泣くんじゃなくて、私の心が泣く。感動で心が震えたことが何度もあります。大切な人との想い出や、その人から言われたことを大事にする……。小説の中の人生にはいろいろなことが詰まっています。

「涙を流すことによって心がきれいになる」とよく言われますが、私もそう思います。本を読んで泣けるって、本当にすごくないですか？　本を読んで涙を流すことで、心が洗われるような気持ちになります。そうなりたい時に、こういったジャンルの小説を読むようにしているかもしれません。

こういう小説を読むと、「こんなふうに生きれば、人に優しくできる」ということがよくわかります。例えば『逆ソクラテス』がそうですね。「人をいじめてはいけない」と言葉にするよりも、この本を読ませたほうがその意味が伝わるし、心にも残るはず。「こういう形にすることで伝わることがある」という学びにもなりました。一緒に戦う選手たちに対して何かを伝える時にはやはり、伝え方が重要ですから。

小説だからこそ表現できる、野球やスポーツの面白さ

野球・スポーツの小説

『風が強く吹いている』 三浦しをん 新潮文庫

『球道恋々』 木内 昇 新潮文庫

『八月の御所グラウンド』 万城目 学 文藝春秋

私のまわりにいる人たちから「この本はいいですよ」とよく聞くので手に取ったのが、『風が強く吹いている』です。走ることに興味がなかったはずの大学生たちが、「箱根駅伝」出場を目指して一つになっていくという物語。体を動かすことの楽しさ、みんなで目標に向かうことの大切さが表現されている。この本を読んだ人が元気になって、「自分も頑張ろう！」と思える小説です。「こういうところで感動するのか！」と

考えつつ読んでいるうちに、知らず知らずのうちに私が一番感動していました。読了後すぐに「この本、読んだ？」と今度は私がいろいろな人に薦めました。

『八月の御所グラウンド』は、ファイターズの球団スタッフに薦められて読みました。直木賞を受賞した小説で、野球の物語なのですが、私の心の琴線にはすごく触れました。野球人にならわかる「場所の意味」が描かれていると思います。

『球道恋々』は、驚きながらページをめくっていきました。明治後期から大正初期、日本にプロ野球が生まれるよりも前の時代、「野球害毒論」が新聞紙上で唱えられた頃の野球人たちの話です。物語の中で主人公ははじめ、野球を好きなのか好きじゃないのか、自分でもよくわからなかった。でも、関わりが深くなるにつれて「野球がある意味」に気づいていく。いかに野球が素晴らしいかについてスピーチする場面があるのですが、私も「そうだよ！」「そうだ――！」と大きな声を上げてしまいました。

なぜ野球というスポーツが必要なのか、「人が生きていくために大切なものを学ぶものでもある」と私が常々考えていたことが、まさにこの小説には書かれているんです。この本を読んで、野球選手の存在意義について、選手たちに伝えなければと思いました。

〝歴史はデータである〟からこそ

人生の道しるべとなる歴史小説

『坂の上の雲(一)～(八)』 司馬遼太郎
文春文庫

『真田太平記(一)～(十二)』 池波正太郎
新潮文庫

歴史はデータである。私はそう説明することがあります。過去を詳しく知ることで見えること、わかることがたくさんある。

『真田太平記』『坂の上の雲』『竜馬がゆく』『宮本武蔵』など、いわゆる歴史小説はたくさん読んでいます。

プロ野球に入った頃の私がそうでしたが、どんな人でも「俺ってダメだなあ」と思って、自分を嫌いになる可能性がある。そこで、「いや、人には能力がある、自分にもあるんだ」と思えるかどうかで、その後の人生が変わってくる。競争の厳しいプロの世界では特にそうです。アマチュア時代に実績を残してプロに入ってきたのに、不安を抱えながらプレーすることでうまくいかなくなってしまう。そういうパターンが目立ちます。

壁にぶつかった時や自信をなくした時にこそ、歴史小説を読んでほしい。

偉業を成し遂げた歴史上の人物が様々な困難に向き合いながらも、諦めずにチャレンジしていく。そんなところに学びがあるし、活力をもらえます。

『坂の上の雲』では、日露戦争の参謀であった秋山真之という人のことが特に印象に残っています。真之は読書家で兵書や軍書をよく読んだが、本当の戦いに臨む時、書いてあるものを読む時間はない、書物は体の中に憶える、という話が本の中に出てきます。私もこの本を読んでから、「試合中にメモやノートを見ている時間はない」と思うようになりました。試合中にコーチに質問することはありますが、グラウンドから目を離すことはありません。そのように、自分の中で勝負してきました。

『真田太平記』では〝草の者〟という情報を取る役割を担う人たちが登場します。情報をいかに手に入れるかで勝負が決まる。その重要性を改めて知ることができました。

歴史小説は私にとって小説ではなく、生きるための道しるべなのです。

人を率いる立場の人間がいかに決断したか？　いかに生きたか？

人としての在り方を学べる伝記小説

『辛酸　田中正造と足尾鉱毒事件』 城山三郎　角川文庫

『「粗にして野だが卑ではない」石田禮助の生涯』 城山三郎　文春文庫

『落日燃ゆ』 城山三郎　新潮文庫

『男子の本懐』 城山三郎　新潮文庫

『もう、きみには頼まない――石坂泰三の世界』 城山三郎　文春文庫

何かを成し遂げた人物のことを掘り下げ、その背景を取材して書かれた伝記小説は本当に面白い。特に城山三郎さんが書かれたものを多く読んできました。

『辛酸』は、足尾銅山鉱毒事件とそれに立ち向かった田中正造の物語。これを読んだ時、こんなに世の中のため、人のために尽くせる人がいたんだと感動し、「自分ももっと頑張らなければ」と思いました。『落日燃ゆ』は、第二次世界大戦後の東京裁判で、文官でただひとり絞首刑となった元首相・外相の広田弘毅の人生を描いた物語。広田は一切の弁明をしなかったそうです。『もう、きみには頼まない』は〝日本の影の総理〟と言われた石坂泰三という財界人、『男子の本懐』は昭和初期の政治家、浜口雄幸と井上準之助の物語。財界人から国鉄総裁になった石田禮助の生涯を描いた『粗にして野だが卑ではない』は、タイトルも素晴らしいですよね。

どの本も、エピソードのひとつひとつにぐっときました。どうすれば人を惹きつけられるか、どうやって「人たらし」になりきったのか、そういうことが書いてあります。時代は違っても、人間同士の関係には変わらないものがあり、人の心をつかんだり、動かしたりする人のことは気になります。だから、私の心に〝くる〟わけです。

それぞれに、その時代で大きな役割を果たした人たちがどう生きたのか、どんな決断をしてどう行動したのかが、データとして私の中に蓄積されています。徹底して体の中にはめ込んだものは、私が決断する時に役立っているはずです。

人間とは何なのか？　それを知りたくて何度も読み込んでいく

四書五経、思想、仏教などの本

『論語物語』　下村湖人　講談社学術文庫

『百朝集』　安岡正篤　致知出版社

『十牛図に学ぶ　真の自己を尋ねて』　横田南嶺　致知出版社

私には、人生の師を求めているというところがあります。映画を見ていると、壁にぶち当たった主人公が打開策を得るために〝師匠〟を訪ねるシーンがよくありますよね？　そういう感じで、私はこのジャンルの本を読みます。

50歳でファイターズの監督になったことも影響しています。誰かのためになりたいという気持ちがあっても、組織はリーダーの器以上に大きくはならないと言われます。

私が勉強しないと、みんなに迷惑をかけることになると考えました。自分はけっこういい加減な人間なので、正直、かなり追い込まれました。

思想や哲学、仏教などの本は実際に難しい。だからこそ、人の知らない秘密が隠れていそうな気がしています。だけど、それをうまく読み砕けなくて悔しい、だから頑張って読むんです。スポーツをする時のような感じかもしれません。

安岡正篤《まさひろ》先生の本を初めて読んだ時には、半分くらいは意味がわからなかった。そのことにショックを受けて、悔しくてたまらなくて、次々と安岡先生の本を読むようになりました。何冊も読んでいくうちに、この人に少しでも近づきたいと思いました。

横田南嶺《なんれい》先生（臨済宗円覚寺派管長）とは、ご縁があって対談もさせていただきましたが、お言葉が本当に心に染みて、やっとみつけた〝人生の師〟だと思っています。

歴史を紐解けば、自分と同じような経験をした人、似たようなことで困っている人はいくらでもいます。何千年も残っているものは、たくさんの人の目に触れて、精査されてきている。だからこそ、古典には正しいことが掲載されていると私は解釈しています。時代を超えて残る、人間の真理のようなものと言い換えてもいいでしょう。

『四書五経』、『論語』や『易経』などを一回で理解するのはもちろん難しい。何度も読み返しながら、意味を考えながら読んでいます。

監督にとって大事なことを、経営者の決断から学ぶことができる

経営者・財界人の本

『現代語訳 論語と算盤』 渋沢栄一（著）、守屋 淳（訳）
ちくま新書

『渋沢栄一「論語と算盤」の思想入門』 守屋 淳
NHK出版新書

『生き方』 稲盛和夫
サンマーク出版

私はよく選手たちに『論語と算盤』を薦めてきました。渋沢栄一さんのこの本を知ったのは、自分が40歳くらいで「何を勉強すればいいんだろう」と思っていた時。ある新聞に「財界人の座右の書」という特集があり、愛読書として多くの方が『論語と算盤』を挙げていたのです。私も読んでみたのですが、最初は難しすぎて、ほとんど意味がわからない。何回も読んでいくうちに、やっと「野球選手にはこの発想が必要な

んだ」と気づくことができました。

渋沢栄一さんから始まって、その後、松下幸之助さんや稲盛和夫さんなどの財界人の本に惹きつけられていきました。お元気なうちに、稲盛さんにお会いできなかったことを、今でも悔やんでいます。

「経営者から学ぶ」というのは、私の一つのテーマです。

一つの組織を率いてしっかりと利益を上げつつ、人を活かす――。プロ野球のチームは収益を上げる必要がありますし、選手たちには年俸を稼ぎたいという気持ちがある。その中で、責任の重い監督が経営者の本から得られるヒントはたくさんあります。

ＷＢＣの後、様々な企業の経営者にお会いする機会がありました。経営者の方は皆さん、「最後は人だ」とおっしゃいます。いろいろなデータや情報を集めた上で、経営者が判断を下すわけですが、「その人を信用できるかどうか」が大事だと。

創業者がどういう思いで会社をつくり、どんな困難を乗り越えながら大きくしていったのか。そのプロセスを知ることでわかることがたくさんありますし、野球に通じることを多く発見することができます。

人が大事にしなければならないもの、荒波を乗り越えてきた答えのようなものが経営者・財界人の本には書かれています。

栗山英樹の本棚

お薦め本リスト

〝心が泣ける〟小説

『博士の愛した数式』 小川洋子 新潮文庫

『西の魔女が死んだ』 梨木香歩 新潮文庫

歴史小説

『信長の軍師（天の巻）（地の巻）』 岩室 忍 興譲館

『敵の名は、宮本武蔵』 木下昌輝 角川文庫

『山岡鉄舟〈決定版〉』 小島英記 日本経済新聞出版社

『備中松山藩幕末秘話 山田方谷伝（上・下）』 宇田川敬介 振学出版

●評伝

『難題が飛び込む男 土光敏夫』 伊丹敬之 日経ビジネス人文庫

●四書五経、思想、仏教などの本

『人生に生かす易経』 竹村亞希子 致知出版社

『立命の書「陰騭録《いんしつろく》」を読む』 安岡正篤 致知出版社

『呻吟語を読む』 安岡正篤 致知出版社

『いかに生くべきか』 安岡正篤 致知出版社

『修身教授録』 森 信三 致知出版社

『啓発録』 橋本左内（著）、夏川賀央（現代語訳） 致知出版社

『今ここをどう生きるか――仏教と出会う』 塩沼亮潤・横田南嶺 春秋社

『私の親鸞　孤独に寄りそうひと』 五木寛之 新潮選書

『青年の思索のために』 下村湖人 ごま書房新社

『努力論』 幸田露伴 岩波文庫

『大河の一滴』 五木寛之 幻冬舎文庫

『虫とゴリラ』 養老孟司・山極寿一 毎日文庫

『「十八史略」に学ぶ人生の法則』 伊藤　肇 致知出版社

『生きよう今日も喜んで』平澤 興　致知出版社

『活眼 活学』安岡正篤　PHP研究所

『安岡正篤 人間学』神渡良平　講談社＋α文庫

『新装丁版 現代の帝王学』伊藤 肇　プレジデント社

『二宮翁夜話』福住正兄（原著）、佐々井典比古（訳注）　致知出版社

●財界人・経営者の本

『京セラフィロソフィ』稲盛和夫　サンマーク出版

『凡事徹底』鍵山秀三郎　致知出版社

野球にも生かせるヒントが得られる本

これらの本は、人が困ったときに考え方の参考にすることができて勉強になります。
それは野球でも同じで、選手たちのために、と思って贈ることがよくありました。

『木のいのち木のこころ〈天・地・人〉』　西岡常一・小川三夫・塩野米松　新潮文庫

『新釈 猫の妙術　武道哲学が教える「人生の達人」への道』　佚斎樗山（著）、高橋 有（訳・解説）　草思社文庫

『ガルシアへの手紙』　エルバート・ハバード、アンドリュー・S・ローワン　角川文庫

児童文学

『モモ』は世界の子どもたちに愛される不朽の名作。
私はある程度の年齢になって読みましたが、いろいろな発見がありました。
60歳を過ぎた自分にもプラスになります。

『モモ』　ミヒャエル・エンデ　岩波少年文庫

●尊敬する野球人の本

昔のことをもう一度知っておこうと、川上哲治さんなど、昭和のプロ野球で監督を務められた方々の本をよく読んでいます。三原脩さんも私が尊敬する名監督です。

『遺言』 川上哲治 文藝春秋

『禅と日本野球 チームワーク、指導力、育てる力——日本野球の礎を築いた「禅」の哲学』 川上哲治 サンガ

『勝つ 戦いにおける〝ツキ〟と〝ヨミ〟の研究』 三原 脩 サンケイ新聞社出版部

※ご紹介した本には、絶版になっているものもあります。

栗山英樹

Hideki Kuriyama

1961年生まれ。東京都出身。創価高校、東京学芸大学で野球選手として活躍。1984年ドラフト外でヤクルトスワローズに入団。国立大学卒業のプロ野球選手として注目を集める。1989年にはゴールデングラブ賞を獲得するなど活躍するが、メニエール病の発症などもあり、1990年に現役を引退。引退後はテレビ番組のスポーツキャスターとして活動する。2011年、北海道日本ハムファイターズの監督に就任。指導者としての経験なしでチームを率い、監督1年目の2012年シーズンでパ・リーグ優勝を決める。2012年のドラフト1位で大谷翔平選手がファイターズに入団、栗山監督のもと投打二刀流選手として活躍する。2016年、ファイターズは7度目のリーグ優勝、日本シリーズも制し10年ぶりの日本一に輝く。2021年、10年間率いたファイターズの監督を退任。2021年12月、野球日本代表「侍ジャパン」トップチーム監督に就任。2023年3月の第5回WBCを制し、世界王座奪還を果たす。「侍ジャパン」の選手たちがひたむきに優勝を追って戦う姿に、日本中の人々が熱狂した。2023年5月、日本代表監督を退任。2024年1月からファイターズのチーフ・ベースボール・オフィサーに就任し、日本野球の未来のために活躍し続けている。

［ 言葉の出典（一部改変）及び参考資料 ］

朝日新聞
朝日新聞デジタル
毎日新聞
毎日新聞デジタル
スポーツニッポン
スポニチアネックス
日刊スポーツ
ニッカンスポーツ・コム
テレビ東京『カンブリア宮殿』
野球日本代表 侍ジャパンオフィシャルサイト

編集協力
伊藤滋之（タイズブリック）

取材・構成・解説文
元永知宏

デザイン
金井久幸、藤 星夏（TwoThree）

DTP
株式会社エストール

撮 影
源 賀津己

スタイリング
中原正登（FOURTEEN）

ヘアメイク
大和田一美（アペレア）

栗山英樹の思考
若者たちを世界一に導いた名監督の言葉

2024年10月20日　初版発行

著者　栗山英樹

発行人　木本敬巳
編集　馬場典子
発行・発売　ぴあ株式会社
〒150-0011
東京都渋谷区東1-2-20
渋谷ファーストタワー
03-5774-5262（編集）
03-5774-5248（販売）

印刷・製本　中央精版印刷株式会社

ISBN 978-4-8356-4696-1